사랑 섬마을 아이들의 따뜻한 이야기

놀이와 관계 속에서 자라는 아이들

김민정 · 이희숙

학지사

들어가는 글 1

'만남'과 '관계'에 대해서 많이 생각해 보게 되는 요즈음입니다. 우리가 누군가를, 무엇인가를, 어딘가를 만난다는 것 그리고 그 만남이 한 번으로 스쳐 지나가지 않고 씨실과 날실처럼 얽혀서 아름다운 관계로 직조되는 것이 참 귀하고 아름다운 사건이라는 것을 점점 더 절실하게 느끼기 때문입니다.

만남이 이루어지고 다시 그 만남이 관계로 발전하는 일련의 과정에서 가장 중요한 것은 무엇일까요? 서로의 존재 그 자체는 물론 주변의 상황도 중요합니다. 하지만 이 모든 것을 뛰어넘는 가장 중요한 변수는 어쩌면 '시간', 즉 타이밍이 아닐까 하는 생각을 해 보게 됩니다. 영화 〈어바웃타임〉이나 드라마 〈시그널〉과 같은 작품에서는 물론, 제목만으로도 가슴에 설렘을 주었던 류시화의 시집 『지금 알고 있는 걸 그때도 알았더라면』 등에서도 결국 우리가 방점을 찍게 되는 부분은 시간일 테니까요.

그런 의미에서 이희숙 선생님과의 만남, 그리고 이희숙 선생님을 통해 소개받은 사량도에서의 이야기들은 저에게 참 각별하게 다가왔습니다. 이희숙 선생님을 만났던 그 시기의 저는 유아, 교사, 부모 그리고 예비교사와 예비부모 등 다양한 대상과 풍성한 만남의 축복을 누리고 있었습니다. 그리고 이 만남과 관계의 결들이 켜켜이 쌓여 결국에는 '나라는 사람이 규정

되고, 나아가서는 '우리'라는 관계도 정의된다는 것을 인식하기 시작하던 시기였습니다. 때문에 만남과 관계에 대해 더욱 깊이 있고 겸손하게 고민하려고 노력했던 시기였지요.

그러던 중 우연한 때에 이희숙 선생님을 통해 남해의 작은 섬마을과 그 속에서 자라나는 아이들의 이야기를 전해 듣게 되었습니다. 그 시간 그곳에서의 관계들이 시간과 공간을 넘어서서 여전히 제가 있는 지금, 이곳에서도 온기를 잃지 않고 따뜻하고 잔잔한 감동을 줄 수 있다는 것에 매료되었습니다. 섬이라는 제한된 공간에서, 서로가 서로에게 온 존재였던 아이들과 선생님이 따뜻한 사랑으로 함께 수놓은 마음의 이야기들은 참 아름다웠습니다. 그리고 이 아름다운 과정을 통해 아이들과 선생님 모두가 넉넉한 아름드리나무처럼 넓고도 아름다운 사람으로 함께 성장해 가는 것이 마음의 큰 울림으로 남았습니다. 얼굴도 잘 모르는 타인들의 만남이고 관계였지만 마치 저의 이야기인 듯 그저 감사한 마음이 들었습니다.

그 시간 그곳에서의 온기와 울림이 아이들과 선생님의 삶에 아로새겨졌듯, 여전히 지금 이곳에 있는 저에게도 잔잔한 울림이 될 수 있었던 것은 어쩌면 제가 이 이야기를 만나기에 적절한 타이밍에 있었기 때문일 것입니다. 그리고 이 잔잔한 울림을 큰 울림으로 받으실 수 있는 적절한 타이밍에 계신 분들과도 나누고 싶었습니다. 그래서 부족한 나름 이희숙 선생님과 함께 고민하면서 이렇게 서로의 생각을 엮어 출판을 하게 되었습니다. 모쪼록 이 책을 읽는 분들에게 제가 느꼈던 따뜻한 온기와 잔잔한 울림이 전달될 수 있기를, 감사의 마음을 한 자락 더할 수 있기를, 그래서 이 세상의 풍경에 아름다운 점 하나를 더하는 작업이 될 수 있기를 소망합니다.

그리고 이처럼 작은 소망들로 엮어 써 내려간 부족한 원고를 정성스럽게 편집해 주신 학지사에 깊은 감사를 드립니다.

올해도 언제나처럼 아름다운 사계절을 기다리며
저자 김민정

들어가는 글 2

   졸업을 맞이하여 아이들과 차 마시는 시간을 조그맣게 가져 보는데, 언제나처럼 자연스럽게 아이들이 이야기합니다. "선생님은 우리랑 바깥놀이를 많이 해 주어서 좋았어요. 이제 초등학교 1학년으로 올라가면 놀지도 못해서 슬퍼요."라는 친구들의 얘기를 듣고, 저마다 한마디씩 함께 놀았던 이야기를 나눕니다. 아이들에게 놀이란 숨 쉬는 공기와 같이 많은 것을 의미합니다.

   저에게도 이렇게 말하는 아이들처럼 좋아하는 자연에서 놀이를 하며 지냈던 어린 시절이 있었습니다. 그 시작은 저의 아버지였습니다. 처음 기억하는 자연은 추운 겨울 밤새 눈이 내린 아침에 초가집 작은 창밖을 내다보았는데, 그곳엔 가족을 위해 눈을 치우고 계셨던 아버지의 따뜻한 등이 있었습니다. 아버지의 뒤 배경으로 세상을 덮었던 새하얀 눈의 느낌은 지금도 너무 선명합니다. 그렇게 자연, 가족, 동네 사람들이 저를 키워 주었던 것 같습니다. 어릴 적 보았던 자연과 사람들과의 생활은 지금껏 아이들과 '자연에서 함께 놀이하는 선생님'으로 이어져 행복한 삶을 살게 하는 것 같습니다.

   교사 생활 30년째가 되던 해, 사량도로 발령을 받아 3년 동안 자연, 아이들 그리고 사량도 주민과 '함께 놀이'하며 살았던 시간이 있었지요. 이곳의 초등학교, 유치원, 공공기관, 마을 주민, 사량도를 찾아오는 관광객 그리고 바다, 산 등 사량도라는 공간 그 자체만으로도 아이들에게 도움과 사랑, 가르침을 주는 특별함이 있는 곳이었습니다. 처음 아이들을 만났을 땐 유치원에서 만나는 선생님을 엄마로 아는 아이, 아직 말을 잘 하지 못해 친구들과의 놀이가 서투른 아이, 부모의 사랑이 고픈 아이, 세상을 믿기 어려운 상처를 가진 아이 등 교육보다 그 어린 마음을 들여다보는 것이 더 급해 보이는 아이들이 많았습니다.

아이들과 함께했던 그곳의 기억들이 참 아릿하게 아프면서도 따뜻했기에 사량초등학교병설유치원(이하 사량유치원)에서 근무하는 3년이라는 기간 동안 만났던 15명의 아이들과의 이야기를 사진과 글로 두서없이 기록해두었습니다. 처음부터 책을 쓰려고 한 게 아니어서 사진에 더 신경을 쓰지 못한 것과 수집했던 사진 중에 사생활 보호 등의 이유로 모두 공개하지 못해 아쉬운 부분이 있습니다. 하지만 사량도를 떠나고 나서도 그 시간 그곳에서 아이들과 나누었던 순간순간의 감동은 삶의 의미에 대해 다시 생각해 보게 할 정도로 의미 깊었습니다.

혼자서만 품고 있었던 사량도의 추억을 우연한 기회에 김민정 교수님과 나누게 되었고 비로소 책으로 출판해 볼 엄두를 내게 되었습니다. 저의 글에 보석 같은 교수님의 글이 더해지면서 이처럼 작지만 소중한 저의 첫 책으로 인사드리게 되었습니다. 책을 쓰는 동안 아이들과의 놀이가 얼마나 가치있는 것인지, 그리고 자연이 주는 놀잇거리를 찾을 수 있는 눈을 가진 교사가 된다는 것의 행복은 '자연에서 놀았던 사람'이기에 가능했다는 점도 알게 되었습니다. 김민정 교수님과 밤늦도록 생각을 나누며, 또 내가 글로 담을 수 없었던 나의 마음을 글로 표현해 보내 주신 메일을 읽으며 "나의 첫 책을 위해 예비된 분? 운명적인 만남?" 등의 표현이 떠오를 정도로 기뻤고 감사했습니다.

저에게 '사량도'는 살아가는 동안 늘 아련하게 가슴 저미고, 때론 아픔으로, 살포시 미소로도 기억될 것입니다. 저의 이 감성들이 독자에게도 전해졌으면 좋겠습니다.

늘 아이들이 놀이를 하며 행복해지기를 바라며

저자 이희숙

N

 차례

02

사량도 아이들과 놀이

03
섬이 함께 키우는 아이들

프롤로그

사량도와 사람들

이 책의 모든 이야기는 통영시에 있는 아름다운 섬 '사량도'와 그 섬에서 살고 있는 사람들에 대한 것입니다. 사량도는 한려해상국립공원의 중간 지점에 위치하며, '윗섬, 아랫섬, 수우도'의 세 개 섬으로 이루어져 있는 섬마을이지요.

제가 유치원교사 생활 30년을 지나는 시기에 벽지유치원 근무를 위해 '사량초등학교병설유치원'에 지원해서 3년이라는 예정된 기간을 두고 근무하게 되었습니다. 개인적으로 이루고자 하는 목적을 가지고 왔던 사량도에서 저는 너무 많은 것을 배웠던 것 같습니다. 특별히 함께 근무했던 직원,

학부모님, 지역 주민 모두가 사량 사람이라는 공동체로 사량도 아이들을
키워 내는 모습에 큰 감동을 받았습니다. 그리고 이것이 저의 삶에 큰 전환
점이 되었습니다.

아이들과 거의 매일 다닌 산책길이었던 진촌의 뒷길에서는 계절을 알려
주는 꽃들과 나무들을 만날 수 있었고, 면사무소 뜰의 정자는 마을 어른들
을 뵐 수 있는 만남의 장소였습니다. 이분들은 늘 사량도 아이들을 칭찬해
주시고 생필품을 사러 다녀오실 때는 꼭 아이들 간식거리를 따로 챙겨서
사다 주시는 등 그냥 지나치시는 경우가 없었습니다.

사량도 아이들이 거리를 나서면 만나게 되는 마을 어른 모두가 아이들의
이름을 살갑게 불러 주신 것이 기억에 남습니다. 이곳 주민들은 아이들이
태어나면서부터 아니, 태어나기도 전부터 아이들을 알고 기다리신 분들이
시니 그 애정과 친밀감이 남다릅니다. 아이들의 이름을 불러 주시고, 자라
는 모습을 함께 지켜보셨기 때문에 아이들 한 명 한 명을 식구처럼 잘 아시
는 주민들을 우리 사량도 아이들도 친근하게 대하게 되고, 그래서 사량도
는 사람 사는 따뜻한 기운이 가득한 곳인 것 같습니다.

사량도에는 어린이집을 비롯한 아이들이 다닐 수 있는 어떤 기관도 없습
니다. 그래서 아이들은 태어나서 유치원에 다니기 전까지는 가족과 함께 집
에서 생활하고, 3세가 되어 처음으로 하나뿐인 유치원인 '사량초등학교병설
유치원(이하 사량유치원)'에 입학하게 되는 것입니다. 유치원에는 열 명이 채
안 되는 3~5세 아이들이 한 교실에서 함께 생활합니다. 이 아이들은 늘 바

다를 지나 유치원을 오가며 뱃고동 소리와 파도 소리를 들으며 자라납니다.

그리고 저는 이 아이들이 세상에 태어나서 만나게 되는 첫 선생님이고, 유일한 선생님인 셈이지요. 사량도의 포근한 품 안에서 아이들과 함께 놀이를 하고, 산책도 가는 교사 본연의 역할을 수행했습니다. 그리고 엄마와 함께 생활하지 않는 아이들에겐 엄마가 되어 주고, 가정에서 어려움이 있는 부분에 대해서는 가족들의 하소연을 들어 드리고 아픈 상처도 보듬어 드리는 상담자의 역할도 해야 했습니다. 이런 모든 과정과 경험을 통해 사량도가 나에게, 내가 사량도에게 특별한 의미가 되었던 것 같습니다.

사량도에서 3년 동안 만난 소중한 아이들 한 명 한 명이 떠오릅니다.

걷기 시작하면서부터 할머니를 따라 유치원에 와서 유치원 가는 날을 손꼽아 기다렸던 유치원의 제일 막내 채린이, 초등학교 급식소에서 일하시는 엄마와 하도에서 누나와 함께 등원했던 은혁이, 유난하게 유치원 적응에 어려움이 있어서 부모님이 마음 졸였던 늦둥이 남희, 자기 일을 알아서 잘 해냈던 대항마을 똑순이 민경이, 그림 그리기를 즐겨 하며 사량도 지도를 척척 그려 내는 준영이, 키도 크고 잘생긴 민준이, 처음 다니게 된 유치원이 설레서 새벽부터 가방을 메고 마을을 한 바퀴 돌고 등원하곤 했던 승민이, 두 오빠 아래에서 자란 공주님 서영이, 씨앗이 생기면 집에 있는 '민솔이 텃밭'에 심었던 호기심 대장 민솔이, 소리만 듣고도 누구네 배인지 알아맞히곤 했던 동현이, 유일한 동갑 친구였던 호정이와 주연이, 키도 크고 운동도 잘 했던 정훈이, 할머니와 단둘이 살아서 늘 할머니의 건강과 생활에 염려가 많았던 양래와 선생님의 사랑을 많이 필요로 했던 민성이까지 모두 너무나 생생하게 기억이 납니다.

이 아이들 중에 몇몇은 나처럼 이제는 더 이상 사량도에 있지 않은 아이들도 있을 것입니다. 모두가 그 시절보다 훌쩍 자랐겠지만 그 시절, 그곳에서의 '우리'에 대한 기억 그리고 그 기억의 따스함과 넉넉함은 마음 깊은 곳에 간직하고 있을 것이라 믿습니다. 그리고 그 따스함과 넉넉함을 이제는 이 책을 읽는 독자들과 나눌 수 있길 소망합니다.

다음에 이어지는 '1. 너와 나, 우리가 나눈 마음'에서는 사량유치원의 선생님으로서 제가 매일매일 선물처럼 받았던 아이들과의 나눔과 관계에 대한 일화를 사진과 함께 소개하였습니다. 그리고 각각의 일화에 대해 김민정 교수님께서 읽고 관련된 교육학적 소회를 기록한 글을 다양한 인용 글과 함께 제시해 주셨습니다.

그리고 '2. 사랑도 아이들과 놀이'에서는 교육학적이고 철학적 관점에서 아이들의 권리이자 호흡인 놀이에 대해 김민정 교수님께서 먼저 개괄하고, 놀이의 특성을 잘 보여 줄 수 있는 수업 사례 8가지를 이론적 내용과 함께 소개하였습니다.

마지막 '3. 섬이 함께 키우는 아이들'에서는 생태학적 이론에서도 강조하듯이 개별 아이들이 속한 시간과 공간적 맥락의 가치와 의미에 대해서 소개하고, 지역사회와의 연계에 대한 7가지의 사례를 제시하였습니다.

이런 일련의 이야기들을 통해, 사람과 사람이 만나서 함께 살아간다는 것이 어떤 의미인지, 또 아이들이 세상을 배워 가는 가장 아름답고 효과적인 방법인 놀이가 유아교육현장에서 어떻게 이루어지고 있는지, 그리고 이런 과정들이 건강한 공동체 안에서 어떻게 풍성해질 수 있는지에 대해 생각해 볼 수 있는 기회가 되길 바랍니다.

01
너와 나, 우리가 나눈 마음

사랑도 선생님

아이와 꼭 잡은 손이 따뜻했던 시간

아이와 함께 집에 가는 길 오후 해거름에 비치는 그림자에 아이와 나누는 말도 함께 들리는 듯하다. 오늘 하루가 그래서 행복하다.

사량도에 발령을 받고 처음 아이들을 만났던 3월의 입학식 날, 눈에 들어오는 아이가 있었다. 입학식에 제대로 참여하지 않고, 물끄러미 사람들을 바라보고 주위를 뱅뱅 돌기만 할 뿐 쉽게 곁을 주지 않던 아이, 바로 양래였다. 할머니와 단둘이 살고 있는 양래는 사량도에 대해서는 나에게 선생님이었다.

귀가 시간엔 늘 함께 바닷가를 지나 집까지 손을 잡고 걸어가며 뱃고동 소리를 듣고, 누구 집 배가 무슨 고기를 잡고 들어오는 것이라는 걸 알려 주었다. 오늘 바다 물때는 몇 물이어서 물이 많이 차오르고, 이럴 땐 어떤 물고기가 물을 따라 들어오고, 물이 빠질 때는 물고기도 함께 바다로 나간다는 것도 가르쳐 주었다. 부두에 많은 배의 주인도 누구인지 다 알고 배 주인은 무슨 물고기 잡는 일을 하는지 등등 양래는 신나서 이야기해 주곤 했다. 동백꽃이 피는 봄엔 동백꽃에 날아와 꿀을 빨아 먹는 동박새도 알려 주고, 동백꽃을 따서 꽁무니 부분을 빨아 보면 꿀이 나온다는 것도 배워 달콤한 사량도의 동백꽃 꿀맛도 양래 덕에 처음 알았다.

그렇게 봄이 지나고 여름이 시작될 무렵의 어느 날이었다. 교무실에 잠시 다녀올 일이 있어 잠깐 교실을 나왔는데, 갑자기 소나기가 내려 어떻게 교실로 돌아갈지 교무실 출입문 앞에 서서 걱정을 하고 있었다. 그때 바닥을 보니 우산이 하나 놓여 있기에 잠시 쓰고 교실에 갔다가 다시 갖다 놓으려고 집어서 쓰고는 교실에 갔다. 아이들을 살피고 있는데 양래가 다가와서 "선생님 교무실 갔다가 우산 쓰고 왔어요?" 하고 묻는다. "응?" 무심히 양래를 쳐다보는데, 촉촉이 젖어 있는 양래의 머리카락이 눈에 들어왔다.

"아……!" 빈손으로 교무실에 가셨다가 우산도 없이 비를 맞고 오실 선생님 생각에 교무실 앞에 얼른 우산을 갖다 놓고, 자신은 비를 맞고 교실로 돌아와 선생님을 기다린 양래…….

와락 아이를 안고, 뜨거운 눈물을 쏟았다. 그리곤 그 짧은 순간 삶을 다시 생각하게 되었다. 무엇과도 바꿀 수 없는 아이가 가르쳐 준 삶의 의미를 늘 생각하며 살고 싶다.

그······ '한 사람'

모든 아이는 자신을 온전히 사랑해 주는,

적어도 그 한 사람을 필요로 한다.

"Every child needs at least one person who is

irrationally crazy about him or her."

– 브론펜 브레너(Urie Bronfenbrenner) –

◆◆◆

선생님께서 비를 맞고 오실까 걱정이 되어 선생님 몰래 교무실에 우산을 가져다 놓고, 정작 자기는 비를 맞으면서 교실로 돌아간 아이…… 그러게 요. 우리는 생각보다 자주 어리고 작은 아이들이 어른인 우리들보다 훨씬 성숙하고 커다란 사랑의 능력을 갖고 있음을, 또 그것을 참 진솔하게 표현 하는 것을 확인하게 되곤 합니다. 비에 촉촉하게 젖어 있는 양래의 머리카 락이 보이는 듯, 또 그 아이를 안고 뜨거운 눈물을 흘리는 선생님의 행복한 뒷모습이 보이는 듯 생생한 이야기에 마음이 덩달아 따뜻해집니다.

관련하여 최근 주목을 받고 있는 '회복탄력성(Resilience)'이 생각났습니 다. 회복탄력성은 역경을 만났을 때, 이를 걸림돌로 여기지 않고 오히려 디 딤돌로 삼아 도약하는 사람들이 갖고 있는 '마음의 힘'을 뜻하는 용어입니 다. 회복탄력성을 결정짓는 요인이 무엇인지에 대해 연구한 위너(Emmy Werner) 박사는 회복탄력성이 높은 사람들이 공통적으로 가지고 있는 한 가지가 있음을 밝혀냈습니다. 그것은 바로 아이의 입장을 무조건적으로 이 해하고 아이를 지지하는 그 '한 사람'이었습니다. 즉, 회복탄력성이 높은 사 람들은 가족, 친구, 선생님, 옆집 할머니 등 누구였는지 관계없이 자신을 절대적으로 인정하고 사랑해 주고 격려해 주는 광팬, 비빌 언덕, 믿는 구석 을 적어도 한 명은 가지고 있었다는 것입니다.

자신의 말에 귀기울여 주는 선생님은 양래에게 거대하고도 따뜻한 언덕,

그 '한 사람'이 아니었을까요? 또한 이 순간 선생님에게도 양래는 그 '한 사람'이었을 겁니다. 참으로 귀한 '한 사람'과 '한 사람'이 마음으로 만나는 귀한 순간을 함께할 수 있어서 감사한 마음입니다. 덕분에 눈물이 핑 돌 만큼 마음이 한없이 따뜻해지고 행복해집니다. 살면서 자주 있지 않은 참 귀하고 아름다운 만남입니다.

문득 나의 그 '한 사람'은 누구였는지 생각해 보게 됩니다. 또 혹시 나도 그 누군가에게 그 '한 사람'이 될 수 있을지도 생각해 보게 됩니다. 우리들 한 사람 한 사람이 서로에게 그 '한 사람'이 될 수 있다면 삶이 얼마나 행복하고 따뜻해질까요? 그런 관계를, 그런 삶을 소망해 봅니다.

서울 가는 버스는 덜커덩 덜커덩……

사량도에서 아이들이 타고 놀 수 있는 것에는 무엇이 있을까?

자전거도 롤러스케이트도 실컷 타고 놀고 난 뒤에 왠지 아쉬워 보이는 아이들을 보다가 내가 어릴 적 타고 놀았던 리어카가 생각났다. 고구마 밭에 캐 놓은 고구마를 집으로 옮기며 아버지가 끌어 주시던 리어카를 동생과 함께 타고 오르막길과 내리막길을 달리며 느꼈던 스릴을 아이들도 경험하게 해 주고 싶었다. 그래서 리어카 안을 깨끗이 쓸고 박스를 깔아 안전하게 준비해 두고 서울 가실 꼬마 손님을 차표를 받고 태웠다.

손님들은 신이 나서 노래를 부른다.

"서울 가는 버스가 달려갑니다."

몇 바퀴 돌고 나더니 주문을 하기 시작한다.

남희: 조금 더 빨리 가 주세요.

나: 네, 네. 손님 빨리 갈게요~.

버스가 더 속도를 내며 움직이니 아이들의 노랫소리도 덩달아 커진다.

호정: 선생님! 아까처럼 위, 아래로 하면서 가 주세요. 롤러코스터처럼이요.

쉬는 시간이 되자 초등학교 학생들이 모여들기 시작한다. 아이들은 바라봐 주는 형님들이 있어 더욱 신나서 노래를 부른다.

그날 나와 아이들의 버스놀이를 교무실에서 바라본 초등학교 선생님들은 나를 보며 '어디에서도 본 적 없는 리어카 태워 주는 선생님'이라고 하신다. 내일은 서울 가는 손님 가득 태우고 사량도 부둣가로 쌩쌩 달려가 봐야겠다.

있어야 할 곳에서 빛나기

(자신의 본질적 삶의 의미, 진정한) 자신에 대해 알라.

"Know thyself!"

– 소크라테스(Socrates) –

아레테는 내면의 탁월한 능력이다.

"Arete means excellence of any kind."

– 아리스토텔레스(Aristoteles) –

◆◆◆

선생님이 끌어 주는 리어카는 아이들을 서울로 데려다주는 버스도 되고, 위아래로 요동치는 스릴 만점의 놀이기구도 됩니다. 선생님이 끄는 리어카에 탄 아이들의 들뜬 목소리가 들리는 듯합니다. 그리고 아이들의 목소리를 등에 업고 더 신나게 리어카를 끄는 선생님의 행복한 웃음소리도 들리는 듯합니다.

'리어카를 끄는 유치원 선생님'은 왜 행복했을까요?

아리스토텔레스는 '덕'이 있어야 행복해질 수 있다고 했습니다. 이때의 덕은 윤리적으로 훌륭하다는 의미가 아니라 '아레테(arete: 내면의 탁월함=excellent: 탁월성)', 즉 '주어진 기능을 잘 발휘'하는 것을 의미합니다. 또한 소크라테스는 '있어야 할 곳에서 영혼의 생기를 불어넣는 진정성(Authenticity) 있는 삶'이 행복의 조건이라고 했습니다. 정리하면, 우리는 '자신이 있어야 할 자리'에서 비로소 '내면의 능력을 발휘하게 된다'는 것입니다. 장화는 비오는 날 물웅덩이에서, 털신은 추운 겨울 눈밭에서 진정성이 나타나게 되고, 비로소 방수와 방한이라는 내면의 전문성을 발휘하게 된다는 것이지요.

선생님에게는 "선생님, 선생님!" 하며 온 존재로 자신을 찾는 아이들이 있는 그곳이 아레테를 발휘할 수 있는 진정성 있는 삶의 터전일 것입니다. 사진 속 선생님에게는 사랑유치원의 아이들이 있는 사랑도가 진정성 있는 삶의 터전이었던 것 같습니다. 이번에는 선생님의 아레테가 리어카 끄는 것으로 나타났고, 또 다음에는 다른 것으로 끊임없이 드러나 펼쳐졌 겠지요. 그리고 선생님의 진정성, 아레테가 가지를 뻗어 나아갈수록 아이 들의 진정성과 아레테도 그 가지 위에 탐스러운 꽃으로 함께 피어났을 것 입니다. 소담하고 강렬한 향기를 가진 그 꽃잎들을 조심조심 쓰다듬어 주 고 싶어 집니다. 그리고 그 고운 꽃잎을 정성껏 받치고 있는 가지도 함께 말입니다.

화장실에서 그림을 감상해 보셨나요?

아이랑 동화를 읽다가 갑자기 배가 아파 화장실을 가게 되었다.

"선생님!" 하고 부르는 소리에 화장실 문틈 사이로 발을 보여 줬다.

잠시 뒤 문틈 사이로 아이가 내민 그림.

조금 전 읽어 주던 전래동화에서 나온 호랑이를 어느새 그려 이렇게 보여 준다. 세상에 태어나 처음으로 용변을 보다 감상한 귀한 그림, 루브르 미술 관이 부럽지 않다.

"은혁아, 고마워! 사랑해!"

서로의 마음이 전경(figure)이 된 공간

우리는 동시에 모든 대상에 동일한 집중을 할 수 없다.

따라서 '선택하여 집중하게 되는 대상은 전경(figure)'으로,

'선택에서 밀려난 배후의 대상을 배경(ground)'으로

구분하여 정보를 처리하게 된다.

이는 심리에서도 마찬가지다.

드러난 욕구인 전경이 잘 해소되면 이는 곧장 배경이 되고,

배경 중 일부는 다시 전경이 되는 과정을 되풀이하게 되는데,

이를 '게슈탈트의 형성과 해소' 혹은 '전경과 배경의 교체'라고 한다.

이 해소와 교체가 융통적으로 자연스럽게 일어나는

개인의 마음은 건강하다.

♦♦♦

3년 터울의 아들과 딸을 키우며 여느 엄마들이 그러하듯 화장실만이라도 편하게 가고 싶었던 시기가 있었습니다. 아직 대상영속성(눈앞에서 사라지더라도 여전히 존재함을 아는 것)이 형성되기 전의 아이는 화장실 문 뒤에서 보이지 않는 엄마를 영영 사라진 것으로 이해했기에 엄마를 찾아 불안하고 초조하게 울어 댔기 때문이었습니다.

그 아이의 울음소리가 전경(figure)이 되고, 아이의 마음이 배경(ground)이 되는 날은 '어떻게 화장실 갈 시간도, 자유도 없단 말인가?' 하며 마음이 어려워지고 짜증이 납니다. 하지만 반대로 이 세상에서 나를 가장 필요로 하고, 나를 가장 그리워하는 그 아이의 마음이 전경(figure)이 되는 날은 마음이 뻐근해집니다. '아, 내가 뭣이라고……' 아이의 무조건적이고 절절한 사랑에 감격하여 얼른 뛰어나가 아이를 안아 주고 싶은 마음이 듭니다.

아이가 화장실까지 쫓아와 부르는 소리에 문틈으로 발을 내밀어 대답하고 다독여 주는 선생님은 배경(ground)처럼 주목받지 못하는 아이의 마음을 전경(figure)으로 보는 안목을 가진 분이셨을 겁니다. 문득 궁금해집니다. '화장실 문 너머 은혁이는 어떤 표정으로 스케치북을 들고 있었을까?' '사인펜 자국 가득한 손가락으로 스케치북을 꼭 쥐고 있는 은혁이는 어떤 마음이었을까?' 하고 말입니다.

지금 우리 눈앞에 전경(figure)으로 펼쳐진 은혁이의 호랑이만으로도 충분히 재미있고 따뜻합니다. 하지만 지금은 배경(ground)으로 저 문 뒤에 가려진 은혁이의 표정, 또 그 속에 녹아 있는 은혁이의 마음을 전경(figure)으로 하여 생각하니 마음이 먹먹해집니다.

아이는 선생님을, 선생님은 아이를 최우선에, 그리하여 서로의 마음이 서로에게 전경(figure)인 선생님과 아이, 두 인격의 만남이 있는 저 화장실이라는 공간이 세상 그 어떤 꽃밭보다 아름답습니다.

사랑도 들꽃다발

스승의 날 오전 교실 문이 열리고 작년에 유치원을 졸업한 남자 아이들 세 명이 웃으며 들어섰다. 몸 뒤로 무언가를 숨기고 얼굴엔 웃음을 가득 머금고 서 있다. 자세히 보니 온몸이 땀으로 뒤범벅이다.

나: 아이고야, 너거들 이 땀이 이게 뭐꼬!
아이들: 선생님, 스승의 날 꽃다발이에요!

개구진 얼굴 가득 미소를 지으며 꽃다발을 내민다. 어디에서 꺾어 온 듯한 꽃다발에 "이희숙 선생님 사랑합니다!"라고 쓰여 있다.
세상에 하나뿐인, 처음 받아 본 사랑도 들꽃다발!

온 들판을 다니며 들꽃을 꺾은 아이들이 고마워, 그보다도 이 선생님을 생각했을 아이들 마음이 너무 고마워 꼭 안아 주었다.

문득 초등학교 6학년 때 담임선생님과의 일들이 스쳐 지나갔다.

우리와 늘 '함께'였던 선생님이 좋아 친구들과 오디를 따다가 선생님께서 잠시 자리를 비우시는 오후 시간에 선생님 몰래 책상 위에 오디를 올려 두고 숨어서 선생님이 기뻐하시던 모습을 지켜보았던 기억도 떠올랐다. 그리고 교문 앞 플라타너스 그림자도 기울어져 가던 어스름한 퇴근 시간, 플라타너스 그림자와 함께 키 큰 그림자를 드리우며 걸어가시던 선생님의 뒷모습을 오랫동안 바라보면서 왠지 모를 쓸쓸함을 느꼈던 기억도 떠올랐다. 나도 6학년 때 담임선생님처럼 우리 아이들에게 시간이 지나도 마음속 깊은 곳에서 감사, 설렘, 아련함과 같은 여러 가지 감정으로 기억되는 그런 선생님이 되고 싶다.

선생님 사랑을 품고 자란 아이들

아이들을 교육시키는 것은

매일 콩나물 시루에 물을 주는 것과 같다고 했습니다.

물이 다 흘러내린 줄만 알았는데,

헛수고인 줄만 알았는데 저렇게 잘 자라고 있어요.

물이 한 방울도 남지 않고

모두 다 흘러 버린 줄 알았는데

그래도 매일매일 거르지 않고 물을 주면

콩나물처럼 무럭무럭 자라요.

보이지 않는 사이에 우리 아이가

- 이어령, 「천년을 만드는 엄마」 中 -

◆◆◆

　간간이 기사나 SNS를 통해 수년 전 졸업시켰던 제자로부터 주례를 부탁받았다는 중 · 고등학교 선생님이나 스승의 날에 제자가 학교로 찾아와 한바탕 옛 추억에 젖었다는 초등학교 선생님들의 미담을 접하게 될 때가 있습니다. 선생님을 잊지 않고 기억하고 감사함을 표현해 준 학생들 덕분에 같은 교직에 있는 선생님으로서 보람을 느낍니다.

　하지만 어린 아이들과 함께하는 유아 교사들은 '지금은 하루에도 몇 번씩 "사랑해요!" 하며 절절한 사랑 고백을 하는 우리 반 아이들이 몇 년이 지난 뒤에도 나를 기억해 줄까?' 하는 질문에 자신 있게 "Yes!"라고 대답하지 못하는 것이 현실입니다. 아이들에게 인사를 받기 위해 유아 교사가 된 것도 아니고 인사를 받는 선생님이 되는 것이 목표도 아니지만, '이처럼 흠뻑 온 마음으로 사랑을 나눈 아이들에게 내가 흐려지다 못해 지워져 버리는 순간이 오겠지?' 하는 참으로 맥빠지는 물음표가 우리 유아 교사의 마음 한편에 있는 것 또한 사실입니다.

　그런데 보세요! 사랑유치원 졸업생들이 선생님을 기억하고 찾아왔습니다. 그것도 스승의 날에 맞춰 세 명의 남학생이 '작당'을 하고서 말이지요. 아이들이 선생님을 생각하며 작전을 짜고, 사랑도 곳곳을 다니며 꽃을 모았을 겁니다. 땀을 흘리며 '꽃 양이 적다, 선생님이 이 꽃을 더 좋아하실 거다'라는 의견도 나누었겠지요. 그리고 전문 플로리스트도 울고 갈 실력으로 꽃을 포장하고, 거기에 후끈한 사랑 고백도 잊지 않았습니다. 아이들은 선생님을 '기억하고 왔다'라기보다는, 늘 선생님의 '사랑을 품고 지내 왔다' 라는 표현이 더 맞을 것 같습니다.

이어령 선생님의 시 마지막 구절처럼, 이 아이들은 사랑유치원이라는 콩나물 시루에서 선생님이 쉼 없이 그리고 아낌없이 흘려보낸 사랑을 물줄기처럼 맞으며 무럭무럭 자라났을 것입니다. 마찬가지로 선생님도 아이들이 쉼 없이 아낌없이 흘려보내 주는 사랑을 물줄기처럼 맞으며 나날이 온전한 선생님으로 성장해 오셨을 것입니다. 아이들과 선생님은 서로가 서로를 온전하게 하는 사랑의 물줄기입니다.

이 순간에도 교육의 현장에서 이름도 없이, 빛도 없이 아이들에게 쉼 없이 아낌없이 사랑의 물줄기를 흘려보내시는 선생님 모두에게 이름 모를 풀꽃들로 만든 꽃다발을 이름 모를 아이들의 이름으로 선사해 드리고 싶습니다. 소진되는 듯 피로한 순간도 있지만 서로를 온전하게 하는 아이들과의 사랑의 교감을 잊지 말고 누리시길 축복드립니다.

꽃과 자연물로 만드는 놀이

봄이 되면 아이들은 지천으로 피는 꽃을 이용해 할 수 있는 놀이를 발견해
오고 나는 아이들이 가져온 자연물로 놀이를 할 수 있도록 천과 바구니, 작
은 꽃병을 준비해 주었다. 그리고 아이들이 '놀이'를 통해 충분히 느끼고, 탐
색하고, 발견할 수 있도록 기다려 주었다. 선생님은 아이들의 놀이에 주도
자가 아닌 기다려 주고, 바라봐 주고, 그들의 반응에 끄덕여 주는 조력자가
되어 주는 것이다. 산책에서 가져온 자연물로 언니들은 패턴 놀이를 한다.

남희가 먼저 솔방울을 놓고 나니 민솔이가 진달래 꽃잎을 한 개 놓고, 민
경이는 민들레 꽃잎을 두 개 놓는다. 가만히 살펴보던 동생들은 조금 더 쉽
게 놀이 방법을 바꿔 해 본다. 채린이가 솔방울을 한 개 놓고, 진달래 꽃잎

을 한 개 갖다 놓자 동현이는 채린이랑 똑같이 놓아 본다. 어느덧 예쁜 패턴 놀이가 되었다.

  지금 다섯 살 채린이, 동현이, 민경이는 한 살 더 어린 네 살 때, 언니들과 함께 유치원에 다니고 싶어 매일 유치원에 들러 언니들이 놀이하던 것을 보고 갔던 친구들이다. 이 친구들이 봄이 되어 유치원에 입학해서 형님들과 나란히 놀이를 만들고 같이 놀이하는 친구가 되었다.

멋진 공연은 멋진 관객이 만든다!

내 방보다는 사람들이 북적이는 커피숍에서 공부가 더 잘되고

혼자 먹을 때보다 함께 먹을 때 더 많이 먹게 되는 것처럼

타인이 있을 때 수행능력이 더 좋아지는 것을

사회적 촉진(Social facilitation)이라고 하며,

반대로 타인이 있어서 수행능력이 떨어지는 것을

사회적 억제(Social inhibition)라고 한다.

♦♦♦

누군가와 함께 해서 더 잘 할 수 있었거나 반대로 누군가와 함께이기 때문에 실력 발휘를 못했던 기억이 있을 것입니다. 이처럼 우리는 의도했든, 의도하지 않았든 서로가 서로에게 영향을 미치는 존재입니다. 아이들의 놀이 상황에서 선생님 역시 아이들에게 영향을 미치는 아주 중요한 존재입니다.

사진 속 아이들의 선생님은 아이들의 놀이를 관찰하고, 놀이가 더 원활하게 이뤄질 수 있도록 꽃병과 바구니, 흰 천을 준비하는 조력자의 역할을 하셨습니다. 그리고 다시 아이들이 놀이를 할 수 있도록 기다려 줌으로써 '사회적 촉진'의 역할을 충실하게 하신 것을 알 수 있습니다.

하지만 반대의 상황도 많은 것이 현실입니다. 열심히 긁적거리기 (scribing)를 하고 있는 아이에게 선생님이 다가가 "뭐 그리고 있니?"라고 친절하게 묻고 있는 상황을 상상해 봅시다. 얼핏 교육학적으로 촉진의 역할을 하신 것처럼 보일 수 있지만 아닐 수도 있습니다. 긁적거리며 재미있게 놀고 있던 아이는 선생님의 질문을 통해 갑자기 자신이 무언가를 그리고 있지 않았다는 것을 인식하게 됩니다. 그리고 '아, 뭔가를 그리고 있었어야 했구나.' 하고 생각하게 되겠지요. 즉, 이 선생님은 아이의 놀이 맥락을 싹둑 잘라 버리는 '사회적 억제'의 역할을 한 것입니다. 이처럼 촉진의 역할을 하고자 하는 선생님의 선의와는 달리 선생님이 아이들의 놀이를 방해하는 역할을 하게 되는 것은 참 아이러니한 일입니다.

이러한 차이는 어디에서 기인하는 것일까요? 공연을 관람하는 상황을 생각해 보면 이해가 쉽습니다. 우리는 공연장에 가기 위해 여러 가지 준비를 합니다. 관람 전 해당 공연에 대한 정보를 찾아보기도 하고, 의상이나 휴대 전화의 무음 설정 등 공연의 성격에 적합한 매너를 갖추고 자리에 앉습니다. 그리고 무대 위 아티스트의 퍼포먼스를 따라가며 상상도 하며 감상합니다. 또한 적절한 타이밍에 박수를 치는 등 함께 호흡도 합니다. 훌륭한 객석의 반응이 멋진 공연을 완성하는 것처럼 아이들의 놀이에 대한 존중과 이해를 가진 선생님이 아이들의 놀이가 완성되는 것을 도울 수 있습니다.

지금까지도 그렇게 하셨겠지만, 아이들의 놀이에 대해 조금 더 겸손하게 존중하며 살펴보시면 어떨까요? 지금 이 놀이의 맥락은 무엇이고, 아이들은 무엇을 경험하고 있는지, 어디에서 침묵해야 하고, 어디에서 박수쳐야 이 놀이가 더욱 확장되고 깊어질 수 있을지에 대해 저를 포함해 선생님과 부모들이 조금 더 깊이 생각해 보면 좋겠습니다. 이러한 노력들이 쌓여 갈 때 비로소 우리는 아이들의 놀이를 혼란스럽게 하는 '지휘자' 단상에서 내려와 아이들의 놀이가 참된 놀이가 될 수 있도록 하는 '조력자'가 될 수 있을 것입니다.

사량도의 낮잠시간, 행복한 아이들!

산책을 다녀온 아이들이 잠시 누워서 쉬자고 조른다. 베개를 하나씩 가지고 와서 서로 내 옆에 누우려고 자리다툼을 한다. '가위바위보'로 정하자고도 하고 나이 순서대로 하자고도 한다. '선생님을 두 명 만들면 좋겠다.'고도 한다.

언니들이 여러 가지 방법을 두고 옥신각신하는 동안 내 어깨에 손을 올린 채 다섯 살 채린이는 잠잠히 말이 없다. 돌아보았더니 어느새 벌써 새근새근 잠이 들었다. 언니들을 따라 산책 다니느라 힘들었을 채린이의 잠든

모습이 천사였다. 언니들은 잠든 채린이가 잠에서 깰까 봐 어느새 조용히 누워 휴식을 취한다.

참 평화롭고 행복한 시간이다.

달콤한 그리움

아이들의 삶에서 깨어 있는 모든 순간을 채우려 든다면

아이들 자신의 공간이 사라진다.

⋯⋯(중략)⋯⋯

항상 아이들을 즐겁게 해 주려고 한다면 당신은 부모가 아닌

아이들의 노예가 된다.

너무 애쓰거나 무리하지 마라.

일을 한 다음에 쉬어라.

아이들은 평온함을 배울 것이다.

- 윌리엄 마틴(William C. Martin), 「현명한 부모는 아이에게 배운다」中 -

◆◆◆

낮잠시간은 참 나른하니 달콤하고 평화롭습니다. 사진 너머로 쌔근쌔근 달고 단 낮잠 자는 아이의 고른 숨소리가, 그리고 언니들의 조심스러운 웃음소리와 재잘대는 소리도 함께 들려오는 듯합니다. 그리고 선생님 어깨에 올려진 아이의 손의 감촉과 온기도 함께 전해져 옵니다. 아, 그림처럼 참 아름다운 장면입니다.

문득 자전거를 탄 풍경이 부른 〈너에게 난 나에게 넌〉의 노랫말이 생각납니다.

> '너에게 난 해질녘 노을처럼 한편의 아름다운 추억이 되고
> 소중했던 우리 푸르던 날을 기억하며 후회 없이
> 그림처럼 남아 주기를 ……(중략)…… 조그맣던 너의 하얀 손 위에
> 빛나는 보석처럼 영원의 약속이 되어 ♪'

선생님은 아이들에게, 아이들은 선생님에게 서로가 서로에게 해질녘 노을처럼 아름다운 추억이 되어 그림처럼 남을 시간인 것 같습니다. 또 아이의 손 위에 영원한 사랑의 약속이 보석처럼 빛나고 있는 듯도 합니다.

사실 유치원 교육에서 낮잠시간은 아직 낯선 용어입니다. 낮잠은 '교육'과 같은 범주 안에 들어올 수 없는, 왠지 비전문적인 활동인 것처럼 여겨지

는 것이 사실입니다. 우리의 문화권에서 '낮잠'은 나태함의 산물처럼 여겨지기 때문인 것도 같습니다.

하지만 항아리가 쓰임이 있는 것은 그 안에 빈 공간이 있기 때문일 것입니다. 조심스럽게, 하지만 단호하게 묻고 싶습니다. '우리는 뭔가 너무 많은 것을 하려고 하는 것은 아닐까요?' 모든 교육은 아이가 필요로 하는 것을 적절하게 제공함으로써 성장을 돕는 행위인 점을 생각해 볼 때, 피곤해할 때 쉴 수 있게 해 주는 것 역시 참된 교육 행위일 것입니다. 따라서 낮잠이나 휴식은 집에서도 할 수 있으니 유치원이나 어린이집에서는 아이들을 재우지 말아 달라는 몇몇 부모님들의 요구는 아이들의 입장에서 생각해 보면 참 모순적인 것이지요. 낮잠은 교육과 무관한 행위나 활동이라는 생각을 가진 교육자들의 고집 역시 아이들의 발달과 요구라는 측면에서 생각해 보면 불합리한 것이니까요.

아이의 필요를 이해하고 제공하는 것은 아이를 존재 자체로 인정해야 가능합니다. 이렇게 서로가 서로일 수 있는 행복하고 평화로운 장면이 모든 교실의 장면이었으면 좋겠습니다. 그래야 먼 훗날 선생님도, 또 아이들도 서로가 서로에게 '당신과 함께할 수 있어서 감사했다고, 당신 안에서 행복했노라고, 많이 배우고 성장했노라고, 참 많이 그립노라고' 고백하게 되지 않을까요?

'어른들이 생각하기에'가 아니라 '아이들이 경험하기에' 의미 있고 평안한 교육현장들이, 교육활동들이 많아졌으면 합니다. 그래서 사진 속 아이들과 선생님처럼 서로에게 그림처럼, 보석처럼 아름답게 반짝이는 교육현장들이 많아지길 바랍니다.

선생님만을 위한 사량도 콘서트

매주 두 번씩 교감 선생님으로부터 우쿨렐레를 배워 온 아이들!!!

다섯 살부터 일곱 살 친구들까지 모두 이 시간을 즐거워했다.

우쿨렐레를 배운 지 일 년이 되어 가던 어느 가을에 아이들이 초대장을
보내왔다. 자신들이 연주하는 공연에 와 달라는 초대장이었다. 형님들이
글을 적고 동생들이 선생님을 초대하는 모습을 예쁘게 그려 넣은 제법 멋
진 초대장이었다. 장소는 유치원 앞 평상 위였다. 공연 시간이 다 되어 가
자 아이들은 분주히 오가며 준비를 하는 듯했다. 평소에도 자주 교실에서
열리는 동화 공연이나 동극 공연에 나를 초대하는 친구들이라 별다르게 생

각하지 못했다.

그런데 시간이 되어 나가 보니 언제 꾸몄는지⋯⋯ 무대 뒤 배경에는 며칠 전부터 물감으로 그린 그림이 장식되어 있고, 기사님께 부탁해 파라솔도 펼쳐 놓았다. 그런데 초대받은 관객은 나 혼자였다.

관객이 한 명인 공연, 나만을 위한 공연이라는 것이다.
살면서 언제 나만을 위한 공연에 초대될 수 있을까?

"얘들아!!!! 고마워. 그리고 오늘 공연 너무 멋졌어!"

진한 우정

포용은 상호적일 수 없습니다.

교육자는 학생의 교육됨을 경험할 수 있지만,

학생은 교육자의 교육함을 경험할 수 없기 때문입니다.

교사가 먼저 일방적으로 인내하고 포용해야 하는 것입니다.

그 결과로 인해 학생이 교사를 포용하게 되는 순간

교육적 관계는 우정으로 변모하게 됩니다.

- 마틴 부버(Martin Buber), 「Two Types of Faith」 中 -

◆◆◆

정말, 웬일입니까! 영화나 드라마에서나 보던 '한 사람만을 위한 콘서트'
네요! 아이들이 선생님만을 위해 준비한 이 공연을 보며 선생님께서는 얼
마나 가슴 벅찬 감동을 받으셨을까요?

우리는 늘 아이들을 위해 무언가를 '주는' 사람인 것처럼 비춰질 수 있습
니다. 하지만 잘 생각해 보면 늘 주는 것 이상을 '받는' 사람이기도 합니다.
어디에서 저 귀한 아이들의 순전한 사랑을 이처럼 넘치게 받고 또 받을 수
있을까요? 어쩌면 우리가 깨닫지 못해서 그렇지 '주기만 하는 관계, 받기만
하는 관계'는 없는지도 모릅니다. 우리의 모든 관계는 늘 주고받는 상호적
인 관계인 것입니다.

아이들은 아직 모든 부분에서 발달 중에 있기 때문에, 반대급부로 상대
방을 꿰뚫어 보는 통찰과 직관이 발달되어 있습니다. 한마디로 생존을 위
한 탐침 안테나 성능이 엄청 좋은 거지요. 특별히 자신들에 대한 선생님의
마음에 대해서는 한 치의 오차도 없이 정확하게 알고 있는 전문가들입니
다. 정말로 아이들은 압니다. 자신들에 대한 선생님 마음의 온도가 얼마나
따끈한지, 선생님 마음이 자신들에게 얼마나 와 있는지 말입니다.

선생님의 따끈한 온 마음을 받은 아이들은 선생님에게 더 뜨겁고 순전한
마음을 돌려줍니다. 받아 본 사람이 줄 줄도 압니다. 이렇게 서로 주고받는

마음들이 쌓이면 이제 정말 이 아이들은 세상 어디에도 없는 좋은 친구들
이 됩니다. 아이들과 찐~한 우정을 나눌 수 있게 됩니다. 사진 속 선생님
과 아이들처럼 말입니다.

사랑도 아이들

다섯 살 서영이가 유치원에 처음 온 날

아이들이 유치원에 입학을 하고, 첫날 아침 등원 시간!!

분주한 아이들을 맞이한 후, 교실로 가는 복도를 지나는데 뭔가 눈에 들어

온다. 복도 한 편의 외투를 걸어 두는 행거에 매달려 있는 핑크색 윗도리!!!

아~ 세상에!!! 유치원 교사 생활을 30년 넘게 하면서 이렇게 걸어 둔 옷은 처음 본다. 너무 예뻐 '어떻게 이렇게 옷을 걸어 둘 생각을 했을까? 이렇게도 옷을 걸 수가 있구나, 옷걸이에 이렇게 구멍을 뚫어 둔 이유가 이런 용도였구나.' 하며 생각을 할 수 있는 것은 다 해 보게 되었다.

옷의 주인을 찾아보았더니 다섯 살 서영이었다. 처음으로 유치원에 와서 아직 옷걸이 사용하는 방법에 대해 배우지도 않았고, 집에서도 옷걸이를 사용해 본 경험이 없었을 것이다. 그런 서영이가 옷을 걸기는 걸어야겠고, 물어보기는 어렵고, 혼자서 옷을 걸기 위해 옷걸이를 관찰하며 어떻게 걸어야 할지에 대해 많은 생각을 했을 서영이를 생각하니 너무 귀엽고 예뻐 아이를 와락 껴안아 주었다.

사진을 찍어 어머니께 보내 드렸더니, "선생님, 우리 서영이가 어떻게 그런 생각을 했을까요? 유치원에 처음 가는 서영이가 모든 게 서툴러서 걱정이었는데 사진을 보니 너무 기특하네요. 집에 오면 칭찬해 주어야겠어요." 하고 답장이 왔다.

앞으로 아이들과의 유치원 생활이 기대된다.
얼마나 많은 감동으로 행복하게 해 줄지…….

내 이 맛에 선생한다!

사람의 마음을 보여 주는 아름다움은

세상의 그 어떤 아름다운 자연이나 예술품도 따라올 수 없다.

– 이재만, 「진심은 길을 잃지 않는다」中 –

♦♦♦

엄마 품을 떠나 처음으로 세상에 나온 아이들이 얼마나 불안할까요? 그곳에 아무리 친절한 선생님과 친구들이 있다 해도 그것을 알 수도, 믿을 수도 없으니 말입니다. 그래서 집을 떠나 어떤 위험이 도사리고 있을지도 모르는 미지의 세계인 교실 문을 넘어서 들어오는 그 첫걸음은 숙연할 정도로 용기 있는 행동일 것입니다. 낯설고 두려웠을 아이의 마음을 생각해 보면, 등원 첫날인데도 불구하고 열심히 그림을 그리고, 노래를 부르며, 놀이를 하는 등 평범해 보이는 일상을 지극히 평범하게 해내는 아이들의 능력은 실상은 기적에 가까운 사건임을 알 수 있습니다.

서영이가 입학하고 처음 마주친 의외의 복병은 옷 걸기! 아마 주변을 두리번 두리번 살펴도 보았을 것입니다. 옷을 벗어서 들고 쪼물쪼물 만져도 보았을 것입니다. 옷걸이에 이렇게도 저렇게도 걸어 보았지만 마음처럼 걸리지도 않았겠지요. '하지 말까? 그냥 울어 버릴까? 큰 소리로 엄마를 부를까?' 온갖 생각들이 아이 마음을 휘저었을 겁니다. 그래도 입 앙다물고 옷자락을 이리저리 펼쳐 보며 열심히 주어진 일을 마무리해 나갔겠죠. 얼마나 조마조마하고 스스로가 대견했을까요? 급기야 이를 선생님이 알아채고 격려까지 해 주시니 스스로가 얼마나 뿌듯하고 대견했을까요? 이제 정말 '엄마 품안의 아기'에서 '유치원 다니는 형님'으로 거듭남을 확인하는 순간이었을 것입니다.

선생님이 감동을 받고 행복하셨던 이유는 옷걸이에 매달려 있는 분홍색 옷을 통해 서영이의 '용기와 열심'이라는 마음들, 즉 진심을 확인하셨기 때문일 겁니다. 이러한 진심은 결코 길을 잃지 않습니다. 진심은 길을 헤매지 않고 마치 과녁을 향해 날아가는 활처럼 상대의 마음에 깊은 감동과 행복을 선사합니다. 학창시절 우리가 뭔가를 열심히 하면 "내 이 맛에 선생한다!"고 환하게 웃으시던 선생님이 계셨는데, '이 맛'이 바로 학생의 용기와 열심이라는 진심이 선생님의 마음에 전해진 깊은 감동과 행복의 맛이 아니었을까 싶습니다.

특별히 유아교사는 아이들의 이런 작지만 귀한 진심으로 끊임없이 감동받고 행복해지는 직업인 것 같습니다. 요즘 말로 '소확행(작지만 확실한 행복)'이 늘 실현되는 직업인 셈이네요. 오늘도 교육현장의 어려운 일, 불합리한 현실 속에서도 묵묵하게 아이들이 보여 주는 진심에 감동받고 행복을 맛보는 바로 '이 맛'에 자긍심을 찾고 계신 수많은 선생님에게 큰 박수를 보냅니다.

유치원에 온 씨앗

    양래 할머니께서 아침에 손자 등원 길에 씨앗을 봉지에 싸서 가져다주시며 심는 방법과 가꾸는 법을 한참 얘기해 주시고 밭에 가셨다. 작고 동글한 겨울초 씨앗을 만져 본 아이들이 말한다.

호정: 까칠까칠!

민경: 간지러워!

호정: 미끌미끌!

유한: 동글동글!

서영: 너무 동글해!

주연: 간지러워 주연이가 만져 본 무당벌레 느낌!

남희: 재미 느낌!

시금치 씨앗을 요모조모 관찰하고는 말한다.

호정: 따가워!

민경: 착착 소리가 나!

은혁: 까칠까칠!

서영: 간지러워!

남희: 생긴 모양이 입술 느낌!

주연: 까끄럽다!

마침 비가 내려 날도 촉촉하니, 씨앗을 뿌려 두면 내년에 학교 가는 양래
와 동생들이 새봄을 채소 꽃과 곤충과 함께 맞이하겠지……

64

모두가 아는 비밀

꽃씨는 알까요?

아주 조그마한 자기 몸이

딱딱한 땅을 뚫게 되리란 걸

꽃씨는 알까요?

아주 조그마한 자기 몸이

세상을 물들이는 꽃이 되리란 걸

꽃씨는 알까요?

정말 정말 조그마한 자기 몸이

꽁꽁 닫힌 사람들의 마음을 열어 주는

열쇠가 되리란 걸

- 안오일, 「꽃씨」 -

◆◆◆

씨앗…… 대부분의 씨앗은 참 작습니다. 작다고 표현하기에도 뭔가 부적절한 듯 작고도 참 작습니다. 삐뚤빼뚤 아이들 손글씨가 없다면 접시에 담긴 것이 흙인지, 돌인지, 씨앗인지 알 길이 없을 만큼 말입니다.

모래알보다도 더 작은 저 점들이 배추가, 무가, 시금치가 될 거라고 누가 상상이나 할 수 있을까요? 저 모래같이 생긴 보잘것없는 빨간 씨앗이 푸릇푸릇하고 보들보들한 시금치가 되는 것, 저 검은 점들이 겹겹이 잎을 돌려싸 속이 꽉 찬 배추가 되는 것은 상상을 하기 어려운 지경을 넘어 오히려 기적에 가깝습니다.

우리 아이들도 그렇지 않나요? 지금은 점처럼, 모래처럼 작고 약해 보입니다. 필시 빨간 아이가 될 거라고 확신하지만 초록색 아이로 자라기도 합니다. 우리가 보기에 미숙하고 연약해서 아무것도 못 할 것처럼 보이기도 합니다. 하지만 안오일 시인이 노래한 것처럼 저도 묻고 싶어집니다. 씨앗보다 더 많은 기적을 품고 있는 아이들에게요.

너희는 알고 있니?
지금은 작은 너희가 이 광활한 세상을 변화시켜 갈 거란 걸!
너희는 알고 있니?
지금은 약해 보이는 너희가 세상을 물들이는 꽃이 될 거란 걸!

너희는 알고 있니?

지금은 너무나 작고 연약해 보이는 너희가

꽁꽁 닫힌 사람들의 마음을 열어 주는 열쇠가 되리란 걸!

정말 소망하게 됩니다. 아이들이 자신들이 품고 있는 가능성에 대해 잘 알게 되기를요, 그래서 그 가능성을 마음껏 펼쳐 가기를요. 그러려면 이 땅의 모든 어른이 먼저 알아야겠지요? 이 아이들이 기적의 씨앗이라는 바로 그 '모두가 아는 비밀'에 대해 말입니다.

비가 와서 좋은 날

며칠째 봄비가 내리던 날 아침!!

비가 오는 날엔 통학버스를 타고 오는 남희와 서영이는 비옷을 챙겨 입고 우산을 쓰고 유치원에 온다. 그러면 내가 마중을 나가 우산을 들어 주면, 유치원으로 들어오기 전 앞마당에서 비를 맞으며 시간을 보내곤 한다.

서로 새로 산 비옷도 자랑하고, 유치원 오는 길에 본 태풍에 쓰러진 나무 이야기, 내지 마을에 바닷물이 길까지 들어온 이야기 등 비에 얽힌 수다가 끝이 없다. 또 아이들은 아주 큰 태풍이 오는 시기엔 배를 가지고 고기를 잡는 아버지들이 태풍을 피해 안전한 항구로 피항을 가신 이야기도 들려준다. 그래서 태풍 기간의 일주일가량은 온 동네에 아빠들이 거의 안 계시기 마련이라고 나에게 알려 주기도 한다.

주연이는 너무 가파른 길 아래쪽 바닷가에 살고 있다. 통학버스가 집 앞까지 갈 수가 없어 매일 아침 통학버스를 타는 곳까지 아빠가 오토바이로 데려다주시는데 비가 오는 날엔 비옷을 입고 오토바이를 타고 고개를 넘어 등원을 한다. 오토바이를 타고 오느라 비옷 사이로 비가 들어와 온몸이 젖어 오는 일이 많아 유치원에 도착하면 옷을 갈아입어야 하는 경우가 대부분이다. 이 모양 저 모양으로 비오는 날 등원시간은 다채롭다.

오늘은 보슬보슬 봄비가 내려 핑크빛 비옷으로 멋을 낸 남희와 서영이가 먼저 도착했다. 아빠 등 뒤에 꼭 붙어 있던 주연이도 오토바이에서 내리더니 분홍 우산을 쓰고 기분 좋게 등원을 하고, 동현이는 우산을 쓰지 않고 할머니가 입혀 주신 귀여운 갑바(동현이 할머니의 비옷 표현)를 챙겨 입고 으쓱대며 나를 부른다.

"사진 찍어 주세요, 선생님."

늘 자신들의 모습을 사진으로 찍어서 함께 보고, 생각을 나누는 아이들! 오늘 아침엔 이렇게 멋을 낸 '비의 요정' 같은 모습을 바라보느라 한참 동안 셔터를 누를 수가 없었다.

봄비(春雨)

好雨知時節(호우지시절): 좋은 비는 시절을 알아

當春乃發生(당춘내발생): 봄을 맞아 내려 만물을 소생하게 하네.

隨風潛入夜(수풍잠입야): 바람 따라 밤에 몰래 스며들어

潤物細無聲(윤물세무성): 세세하게 만물을 적시면서도 소리가 없네. (후략)

– 두보, 「春夜喜雨(춘야희우): 반가운 봄비 내리는 밤」 中 –

◆◆◆

'봄! 春!' 특별한 이유 없이 설레고, 뭔가를 기대하게 하는 단어입니다. 파릇파릇한 새싹과 아른아른 피어오르는 아지랑이를 '본다'라는 뜻의 명사형인 '봄'은 다분히 '사람'을 그 주체로 하고 있습니다. 반면, 풀(艸), 태양(日), 싹(屮)이 땅(一)을 뚫고 나오는 형상(屯)을 합한 글자, 즉 나무나 풀 위로 해가 비쳐 움을 트는 모습을 나타낸 글자인 '春'은 상대적으로 '현상'을 중심으로 하고 있습니다. 궁극에는 '그런 현상(春)'을 '보고 누릴 수 있는 사람'에게만 참된 '봄'이 있다는 의미는 아닐지 생각해 보게 됩니다.

그런 봄날이 왔음을 알리는 신호탄이기도 하고, 그런 봄을 한층 무르익게도 하고, 또 그런 봄을 떠나보내는 인사이기도 한 것이 '비(雨)'입니다. 건조하게 굳어 있던 대지에 활력을 불어넣고, 딱딱한 씨앗을 간지럽혀 싹을 움트게 해 주는 봄비는 두보의 노래처럼 '세세하게 만물을 적시면서도 소리 없이(潤物細無聲)' 내리는 '시절을 알아 내리는 좋은 비(好雨知時節)'입니다.

초록으로 푸르러지는 봄날의 잔디 위에 그 잔디보다 더 싱그럽게 푸르른 아이들이 봄비가 내리는 가운데 올망졸망 서 있는 모습을 보니, 아이들이 꼭 새싹처럼, 봄꽃처럼 보입니다. 봄비가 꼭 부모님과 선생님의 사랑처럼 느껴집니다.

사진 속 아이들을 보세요. 이 아이들을 향한 가족들의 태양 같은 사랑이 비옷으로, 우산으로, 아이들의 미소로, 아이들의 온 존재 자체로 인장처럼 새겨진 것이 보이지 않나요? 그리고 이 사랑덩어리를 향해 셔터를 눌렀을 선생님의 애정이 봄비처럼 소리도 없이, 빠진 곳 하나 없이, 주장하는 것도 없이 그저 세세히 내려 적시고 있는 것이 느껴지지 않으세요? 그리고……그 사랑을 봄비처럼 맞으며 거친 땅과 세상을 뚫고 자랄 아이들의 내면의 힘이, 아이들의 미래가 보이지 않으시나요?

'조금씩 내리지만 깊이 적시며 말하는' 봄비처럼 자신의 시가 '많은 이를 적시는 고요한 노래'가 되기를 바라던 이해인 시인처럼 이 땅에 그런 봄비 같은 부모님이, 선생님이, 어른이 많아지면 좋겠습니다. 사실 이미 우리 스스로가 '조금씩 내리지만 깊은 말을 하는 고요한 노래' 속에서 자라고 성장했을 것입니다. 이 고요한 노래가 '시절을 알아 내리는 비'처럼 꼭 필요한 그때에 아름다운 인연으로 만날 수 있으면 좋겠습니다. 그래서 많은 이가 이 고요한 사랑의 노래에 아름답게 젖어 들 수 있으면 좋겠습니다.

다시 사진 속 아이들을 봅니다. 아름다운 계절 봄에, 인생의 아름다운 봄날에 있는 이 아이들을 보니 저의 마음에도 한 자락 뭔가 참 봄봄하네요.

은혁이가 남희 손을 꼭 잡기까지

은혁이는 일곱 살 친구다. 늘 불안하고 초조하다. 어디에서 다쳤는지 항상 얼굴이나 머리에 멍이 남아 있다. 발음도 정확하지 않아 말을 잘 알아듣기 힘들다. 마음속에는 부정적인 감정이 가득 차 있어 유치원에 오면 친구들, 동생들, 나에게 조그만 일에도 짜증을 내거나 우는 경우가 많았다. 그리고 시작하면 무조건 한 시간 정도 소리 내어 우는 경우가 대부분이었다. 달래 주려는 나에게도 울부짖으며 손을 물거나 알아들을 수도 없는 언어로 무언가를 부르짖곤 했었다.

어머님과의 면담으로 은혁이의 성장 배경 그리고 사량도에 오게 된 이야기를 듣게 되었다. 은혁이는 그동안 곁에 함께 있어 주거나 놀아 주며 언어적인 자극을 받을 수 있는 환경에서 자라지 못했던 것이다. 그래서 말을 배울 수 있는 기회도, 아이들과의 사회적 경험도 갖지를 못한 아이였던 것이다. 그래서 아이들과의 놀이에서 생각이 다르거나 의견 충돌이 생기면 온몸으로 자신을 보호하기 위해 괴성을 지르고, 나를 할퀴거나 몇 시간을 울며 자신을 보호하고, 또 자신을 표현했다는 것을 알게 되었다.

은혁이에 대해 알고 난 뒤 나는 언어는 통하지 않아도 은혁이 얘기를 들어 주고, 은혁이 마음속에 있는 부정적인 감정을 덜어 내기 위해 여러모로 마음을 썼다. 품에 끼고 동화책을 읽어 주고, 친구들에게도 은혁이의 좋은 점과 그림을 잘 그리는 부분을 칭찬해 주어 은혁이에게 권위를 부여(empowerment)하였다. 그 덕분이었을까? 은혁이는 서서히 변화하고 있었다. 나에게 와서 집에서 있었던 일을 얘기하기도 하고, 나나 친구를 대할 때 웃기도 하는 등 표정도 많이 밝아졌다.

어느 날 하원 시간, 은혁이가 다섯 살 남희의 손을 꼭 잡고 통학버스를 타는 곳까지 같이 가고 싶다고 했다. 남희를 꼭 잡은 은혁이의 손을 보니 마음이 벅차오른다.

"은혁아!! 선생님이 사량도에 온 이유가 또 하나 생겼어. 은혁이가 행복하게 웃는 모습을 볼 수 있게 돼서 정말 감사하고 행복해!"

시냇물이 소리를 내는 것은

나무를 보라.

스스로 뜨겁게 내리쬐는 햇빛을 온몸으로 견디면서

우리에게는 서늘한 그늘을 만들어 주지 않는가.

- 마하트마 간디(Mohandas Karamchand Gandhi) -

◆◆◆

볼이 발그레한 남희가 은혁이 눈에도 귀여운 동생으로 보였나 봅니다. 남희 손을 잡고 있는 은혁이 손을 보면 일반적으로 손을 잡았을 때와는 달리 뒤에서 잡고 앞으로 끌고 있는 듯합니다. 우연히 그런 것이겠지만, 선생님 설명을 읽고 사진을 보니 왠지 뒤에서 돌려 잡은 저 손이 지금 은혁이의 마음의 모습인 것만 같습니다.

익숙하진 않지만, 진심인 거지요. 그간의 혼자 있었던 시간, 제대로 표현하기 힘들었던 시간을 지나 이제는 서툴지만 진심으로 누군가에게 다가서고 관계를 맺어 보려는 아이의 변화가 고맙고 대견합니다. 그리고 은혁이를 그저 품고 또 품어 부정적인 것은 밖으로 꺼내고, 긍정적인 것은 부어서 채워 주셨을 선생님의 헌신이 은혁이에게 묻어나는 듯해 또 감사하게 됩니다.

우리가 소위 '문제'라고 하는 행동을 보이는 친구들은 하나같이 마음에 비어 있는 곳, 가려운 곳, 아픈 곳이 있는 아이들입니다. 허하고, 가렵고, 아픈 마음을 가진 아이가 꺼내 놓을 수 있는 것은 역시나 누군가를 허하게 하고, 가렵게 하고, 아프게 하는 것이기 쉽습니다.

반에 이런 상황의 아이가 한 명만 있어도 선생님의 에너지가 많이 소진되는 것도 사실입니다. 그래도 선생님인 우리는 아이를 품어야 합니다. 부모의 경우는 더욱더 그렇지요. 여기에는 어떤 단서도, 조건도 없습니다.

'무조건'입니다.

  그렇게 눈물로 품다 보면, 어느새 아이의 마음이 선생님의 애정으로 가
득 차서 표정이 바뀌고, 행동이 바뀌고, 인생이 바뀌게 되는 기적을 목격하
게 됩니다. 아니, 그 기적을 함께 만들어 가게 됩니다. 그리고 그 기적이 또
우리 자신의 삶을 바꾸는 기적도 경험하게 됩니다.

  시냇물이 아름다운 소리를 내는 것은 그 물속에 들쑥날쑥한 돌멩이가 있
기 때문*입니다. 마음속에 들쑥날쑥한 돌멩이가 있는 것은 아이에게나 어
른에게나 불편한 일일 것입니다. 그러니 저마다 입을 열어 들쑥날쑥한 소
리를 내는 것이겠지요. 하지만 그 소음들이 결국에는 아름답고 생동감 있
는 시냇물 소리로 완성된다는 것을 기억했으면 합니다. 지금 당신을 힘들
게 하는 누군가가 있나요? 잊지 마세요, 그 사람도 불편해서 그러는 것이라
는 걸. 그리고 그 소음과 불평을 잘 품으면 아름다운 시냇물 소리가 돼서 우
리의 삶이 더 다채로워지고, 온전해지고, 아름다워진다는 것을 말입니다.

---

* 어운학 (2004). 희망다운로드. 서울: 규장.

횟집 딸내미 호정이에게 '녹는 것'이란?

더운 여름 산책을 마치고 돌아오는 길에 아이스크림을 사서 아이들과 벚나무 아래에서 새소리를 들으며 아이스크림을 먹고 있었다. 그러다 갑자기 아이들이 '녹는 것'에 대해 이야기하기 시작했다.

남희: 녹는 건, 얼음!

민솔: 아이스크림!

민경: 사탕!

유한: 쇠!

주연: 소금!

78

친구들이 말하는 걸 듣고 있던 호정이가 한마디 한다.

호정: 회! 회를 포 떠서 입에 넣으면 살살 녹아!

하도에서 부모님이 횟집을 하는 호정이다. 그 말을 듣고 있던 유한이가 한마디 거든다.

유한: 그건 햇볕 때문에 녹는 건 아니잖아!
호정: 햇볕 때문에 녹는 거라고 누가 말했는데? 나는 '녹는 것'에 대해 말했어!

그렇다. '녹는 것'에 대해 얘기를 했었지 무엇 때문에 녹는다는 조건을 말한 것은 아니었다. 아이들의 생각은 참 기발하고 배포가 크다.

호정이의 부모님은 낚시도 하고 횟집도 운영하신다. 호정이는 주말이면 아빠랑 집 앞 바다의 아빠 배 위에서 낚시를 했는데 볼락을 많이 잡았다는 얘기를 자주 한다. 낚시 바늘에 미끼도 혼자 끼울 수 있고, 고기가 낚싯대에 걸리면 '살살 끌어당기다가 어느 순간이 되면, 도망가지 못하게 확 끌어당겨야 한다.'며 낚시 전문가처럼 신나서 얘기해 주곤 한다. 계절마다 잡히는 고기 이름은 물론 맛에 대해서도 아주 전문가 수준이다. 그러니 갓 잡은 살살 녹는 물고기 회를 언제든 먹을 수 있는 호정이에게 '녹는 것'은 얼음이나 아이스크림보다는 '회'가 단연코 정답일 것이다.

말은 그 사람

언어는

인간이 환경 안에서 성공적으로 활동하는 데

필요한 경험(experience)의 일부다.

이 '경험으로서의 언어'는

인간이 자신을 둘러싼 환경에 대한 경험의 결과이며,

적응하기 위한 활동의 한 부분이다.

따라서 언어의 의미는 사용자인

인간의 언어 상황과 문화에 의해 결정된다.

– 듀이(John Dewey), 「Experience and Education」中 –

◆◆◆

　사진 속 아이스크림이 아이들의 입 안에서도 살살, 아이들의 보드라운 얼굴 위에서도 살살, 고사리 같은 손 위에서도 살살 녹아내리고 있습니다. 이 사진을 찍었을 선생님 마음도 살살 녹아내리셨을 것 같습니다. 가만히 들여다보고 있으니 제 마음 속에 딱딱하게 굳어진 생각도, 오늘까지 해야 할 일로 빡빡했던 일정표도 함께 살살 녹아내리는 듯합니다. 그리고 호정이가 말한 그 살살 녹는 회 맛도 궁금해집니다. 어린아이의 뇌리에 아이스크림처럼 강력하게 각인된 '살살 녹는 회'는 어떤 맛일까요?

　'말은 그 사람'이라고 합니다. 일상을 살며 보고, 듣고, 생각한 모든 것이 우리 안에 의식적 · 무의식적으로 켜켜이 쌓이고 결과적으로 그 쌓인 결과물들이 바로 우리의 존재 자체가 되는 것 같습니다. 그리고 내면에 쌓인 것들이 가장 직접적이고 순간적으로 밖으로 나오는 것이 말이기 때문에 말을 사람 그 자체라고 하는 것이겠지요. 거꾸로 말이 사람에게 미치는 영향력이 엄청나게 크다는 것도 유추해 볼 수 있습니다.

　우리가 사용하는 말은 어떨까요? 언젠가부터 '짬짜(짬뽕+짜장), 샘(선생님)'과 같은 줄임말이 흔해졌습니다. 요즘에는 이 추세가 더욱 심화되어 세대 간에 소통이 안 될 정도입니다. '갑분싸(갑자기 분위기 싸해진다), 세젤예(세상에서 제일 예쁘다)'에서 더 나아가 'ㅇㅈ(인정), ㄱㅇㄷ(개이득: 큰 이익을 뜻하는 말로 기분이 좋을 때 쓰는 말)'과 같이 아예 초성만으로 소통하기도 하고 비속어와 은어를 교묘하게 섞어서 사용하기도 합니다. 대화보다는 휴대전화의 텍스트로 의사소통을 주로 하는 청소년들이 만들고 소비한다고 해서 이런 용어를 '급식체(학교 단체 급식을 먹는 연령의 사람이 쓰는 말)'라고 합니다. 그만큼 속도감과 효율성을 중시하는 세태가 반영된 것이라고 볼 수 있을 것입니다. 또 같은 경험을 공유하는 또래끼리의 문화가 언어에 반영된 것이기도 하겠지요.

이런 말들로 소통하게 되는 아이들의 삶의 맥락에 대해 생각해 보게 됩니다. 그리고 아이들의 삶에 영향을 미칠 이 언어들의 맥락에 대해서도 생각해 보게 됩니다. 뭔가 우리가 말을 통해 표현하고 채워질 수 있는 귀한 기회가 공중에 붕 떠 버린 것은 아닌지 염려가 됩니다.

소망하게 됩니다. 아이들뿐 아니라, 우리가 사용하는 언어에 아름답고 따뜻한 가치가 많이 담겨지길 말입니다. 그래서 듣는 것만으로도, 하는 것만으로도 서로의 마음에 힘이 되고 빛이 되는 귀한 말이 다음 세대 아이들의 언어가 되었으면 좋겠습니다.

오늘 아침엔 주연이가 선생님

오늘 아침 비를 따라 게 한 마리가 교실로 들어왔다. 아이들은 바닷가에서 늘 보던 게가 교실까지 찾아와 주니 무척이나 신기하고 흥분이 된 듯하다. 통을 찾아와 그 속에 게를 넣고 게가 움직이는 것을 살펴보며 이야기를 나누느라 분주하다. 그런 아이들 틈에서 주연이가 뭔가를 열심히 그리더니 이를 보여 주며 말한다.

주연: 얘들아! 이리와 봐. 이 그림 좀 봐!

유한: 먼데?

주연: 게 그림이다. 내가 그렸다.

민경: 주연이 언니야, 게 그림은 왜 그렸노?

주연: 내가 느그들한테 가르쳐 줄 게 있단 말이다.

호정: 게 그림으로 무얼 가르칠 건데 말해 봐라.

나: 주연아, 선생님도 궁금하다. 말해 줄래?

주연: 선생님, 얘들아, 있재, 게를 보고 어떻게 암컷인지 수컷인지 아나?

아이들과 나: 아니 모르는데? 어떻게 알 수 있니?

주연: 그것도 모르나?

주연이는 아이들과 선생님이 게의 암, 수를 구분할 줄 모른다는 것에 신이 나서 게를 그린 그림을 가리키며

주연: 이 그림을 잘 봐라이. 수컷 게는 세모 모양으로 배 위가 덮여 있고 이렇게 줄이 그어져 있단 말이다. 자세히 봐라이. 그런데 암컷 게는 작고 동그란 것이 배를 살짝 덮고 있어, 그게 다른 거라 알겠나? 그림을 잘 보란 말이다. 알겠재? 이제부터 게를 고를 때는 배를 뒤집어 가지고 꼭 이 무늬를 봐야 된다이.

주연이가 가르쳐 준 정보를 공유하기 위해 카카오스토리에 내용을 올렸다. 부모님과 보건소 선생님들께서 주연이가 가르쳐 준 소중한 정보를 공유하고, 생각을 올려 주셨다. 그림을 보신 분들의 답글!

준영 어머니: 그렇군요. 모두가 스승이네요.

김정순(보건소 선생님): 머리에 쏙 들어오는 교수법, 그림도 상당히 잘 그리는 장래에 선생님감이네요.

서영이 어머니: 주연이는 저보다 빨리 알았네요. 저는 시집와서 시아버지가 잡으신 거 보여 주시며 가르쳐 주셔서 알게 되었어요. 열 권의 책보다 직접 보고 느끼는 게 역시 최고의 교육 같네요.

나: 그렇죠, 어머니? 아침부터 유치원에 들어와 준 한 마리의 게 덕분에 알게 되었어요.

김정순(보건소 선생님): 넘 좋아 캡처합니다.

나: 주연이에겐 허락 안 받았는데 어쩌죠.

남희 어머니: 주연이가 사람 놀라게 하네요. 아이들의 사랑스런 모습은 어른을 감동시키네요, 항상. 거기에 우리 남희가 있었다면 같이 배웠을 텐데 남희에게도 그림을 보여 주며 알려 주어야겠네요.

아침 비를 따라 바다에서 올라온 게 한 마리 덕분에 여러 사람과 '암게와 수게' 구별법에 대해 그리고 우리 아이들의 잠재력에 대해 소통하게 되었다.

늘 배우려는 유연한 사람

부드럽고 약한 것이 굳세고 강한 것을 이긴다(36장).

사람이 태어날 때는 부드럽고 약하지만 죽을 때는 딱딱하고 강하다.

초목이 태어날 때는 부드럽고 야들야들하지만

죽을 때는 딱딱하게 마른다.

그러므로 딱딱하고 강한 것은 죽음의 무리요,

부드럽고 약한 것은 삶의 무리다(76장).

- 노자(老子), 「도덕경」中 -

◆◆◆

주연이가 우리에게 '게의 암수'를 구분하는 방법을 가르쳐 준 덕분에 이제 게를 보면 어떤 것이 암컷이고 또 수컷인지 잘 알 수 있게 되었습니다. 한 아이가 친구들에게뿐 아니라 어른들에게도 선생님이 될 수 있네요. 그래서 옛 어른들은 '세 살 젖먹이에게도 배울 것이 있다.'고 하셨나 봅니다.

이런 맥락에서 저는 어린아이에게 어른인 우리가 꼭 배워야 할 중요한 것은 '배움에 있어서의 열정과 겸손함'이라고 생각합니다. 아이들은 이 두 가지를 가지고 있기 때문에 새싹처럼 유연하고도 부드러운 힘을 가지고 있습니다.

아이들은 우리보다 더 늦게 이 세상에 왔기 때문에 당연히 이 세상살이 모든 분야에 대해 경험의 양이 상대적으로 적습니다. 그러니 아이들은 세상 모든 것에 대해 호기심 어린 눈으로 탐구하는 어린 과학자가 되어, 실수에 대한 어떤 두려움도 없이 그 작은 몸을 온전히 부딪혀 가며 격정적으로 배워 나갑니다. 또한 언어, 인지, 사회성 등 모든 영역이 발달 중에 있기 때문에 아이들은 이 세상을 경외의 눈으로 바라봅니다. 경외까지는 아니라고 하더라도 최소한 자신보다 크고 높은 것으로 생각합니다.

그래서 아이들은 열정적이면서도 동시에 겸손한 학습자가 될 수 있습니다. 이 열정과 겸손이 가능하기 위해서는 기본적으로 '나는 배울 것이 많은 부족한 존재다.' 하는 자기인식과 '더 나은 내가 되고 싶다.' 하는 의지가 필요합니다. 그러려면 자신에게는 인색하고 남에게는 관대해야 합니다.

하지만 어른인 우리는 보통 아이들과 반대인 경우가 많습니다. '전공을 했으니, 자격증이 있으니, 경력이 이만큼인데' 하며 적어도 남보다는 내가 더 많이 알고 있는 사람으로, 또 이만하면 나를 꽤 괜찮은 사람으로 여기는 경우가 많습니다. 상대적으로 이 세상에는 나와는 다르게 상식도 없는 사람, 이상한 사람들이 많다고 생각하곤 합니다. 대부분의 경우, 내가 남보다 높고 옳습니다. 이 생각이 확고하니 겸손하고 유연하기 어렵습니다.

여기에 '가르치는 일'을 직업으로 하는 선생님들은 더 최악이기 쉽습니다. 나는 전문가이며, 남보다 옳고 높은데 이 와중에 '가르치려 들기'까지 하면 정말 최악 아닐까요? 얕은 지식으로 누군가를 통제하려는 일은 정말 소름끼치게 두려운 일입니다.

그렇기에 가르치는 사람인 우리는 다른 직업을 가진 사람들보다 늘 배우려는 겸손하고 유연한 사람이 되기 위해 애써야 할 것입니다. 이는 자녀를 가르치고 돌보는 일을 하는 부모님들도 마찬가지입니다. 어떤 상황에서도, 어떤 대상으로부터도 배울 것을 찾아서 배워 가는, 그래서 어제보다 오늘 경험하고 생각한 것이 더 많은 사람이 되어야 합니다. 또 오늘보다 내일 더 큰 그릇이 되어 더 많은 것을 너끈하게 품어 낼 수 있어야 합니다. 자신에게는 인색하고 타인에게 관대하기 위해 노력해야 할 것입니다. 그리고 무엇보다 이 모든 일련의 과정에서 참된 기쁨을 찾을 수 있어야 합니다.

　너무 힘든 일인 것 같다고요? 왜요? 늘 우리 곁에는 이 분야 최고의 스승인 아이들이 있잖아요. 오늘도 높아진 우리 마음의 자세를 조금 더 낮추어, 스승이 온몸으로 보여 주는 싱그러운 호기심, 겸손함과 뜨거운 열정에 대한 가르침을 잘 받아 보세요. 늘 배우려는 사람은 어린아이처럼 유연해서 늙지 않는답니다.

긴~~~ 젓가락으로 먹는 중국 코스요리

오늘은 육지로 현장학습을 갔다 점심식사를 하려고 중국요리 집에 왔다. 내가 사전에 주문해 놓은 코스요리를 위해 둥근 테이블에 둘러앉았다. 먼저 따뜻한 중국차를 마셔 본다. 아이들은 중국차 특유의 향이 나는 데도 맛을 음미하며 차를 마신다.

드디어 테이블 위로 요리가 하나씩 나오고…….

아이들은 처음 먹어 보는 요리가 어떤 맛인지 궁금해하며 기다란 젓가락을 잘도 움직여 맛을 본다. 형님들은 동생들에게 테이블을 돌려 가며 요리를 안내해 준다.

남희: 채린아, 이거 먹어 봐 탕수육이야. 젓가락으로 찍어서 먹어.

채린이는 언니의 안내로 탕수육을 먹어 본다. 동현이도 처음 사용해 보는 긴 젓가락으로 탕수육을 집어 먹어 본다. 민경이는 만두가 맛있나 보다. 은혁이는 채소 스프를 먹으며 웃는다. 급식소에서는 채소를 잘 먹지 않더니, 중국 요리에 나오는 채소는 맛있다고 한다. 서영이는 아주 우아하게 요리를 앞 접시에 담아 먹는 모습이 창문 밖 바닷가 풍경과 어울린다. 주연이는 동생들이 음식 먹는 모습을 웃으며 바라본다.

오늘 중국집 요리 선택은 괜찮았던 것 같다. 나는 아이들이 육지로 현장학습을 갈 때마다 주변의 음식점을 들러 맛있는 요리를 먹어 보는 경험을 주려고 노력하는 편이다. 다음엔 어떤 요리 집을 선택하여 맛있는 음식을 맛보는 기회를 가져 볼까? 행복한 식탁에 둘러앉아 행복한 고민을 해 본다.

소울 푸드(Soul Food)

주먹밥은 일본인에게 고향의 맛이니까요.

엄마를 일찍 여의고 집안일은 다 제 몫이었는데요,

일 년에 딱 두 번 아빠가 주먹밥을 만들어 주셨어요.

운동회하고 소풍 때요.

주먹밥은 다른 사람이 만들어 준 게 훨씬 맛있다고요.

- 영화 〈카모메 식당(かもめ食堂)〉中 -

◆◆◆

　육지 현장학습을 마치고 동그란 테이블에 둘러앉아 식사를 하는 아이들 사진을 보면서 영화 〈카모메 식당〉이 떠올랐습니다. 핀란드 헬싱키에서 오니기리(일본식 주먹밥) 식당을 운영하는 사치에와 여러 사연으로 이 식당에 모인 사람들의 이야기를 담은 영화지요. 영화 속에서 왜 핀란드에서 오니기리 집을 열게 되었는지 묻는 질문에, 오니기리는 엄마가 없었던 어린 시절 아버지가 만들어 준 음식이었기 때문이라고 대답하는 장면이 있습니다.

　그러게요, 음식은 맛으로 기억되기보다는 추억으로 기억되는 것 같습니다. 소풍 때 먹었던 김밥, 기차 여행길에 먹었던 삶은 계란과 사이다, 졸업식에 먹었던 짜장면, 친구들과 요란법석 수다를 떨며 먹던 떡볶이, 추운 겨울 내복 바람으로 입천장을 데어 가며 먹었던 호빵…… 음식을 통해 우리는 그 시간을, 그 관계를 기억하고 다시 맛보는 것 같습니다. 이런 음식들이 바로 이름하여 '소울 푸드'겠지요.

　긴긴 젓가락을 가지고 탕수육을, 또 평소 먹지도 않던 채소를 맛있게 먹었던 사량도 아이들에게 지금 이 음식과 함께 한 이 시간은, 아이들의 영혼에 아주 따끈하고 맛깔스러운 추억으로 새겨졌을 것입니다. 언젠가 이 아이들이 자라서 중국요리 집에서 음식을 먹으면 이 추억이 저절로 생각나게 되겠지요. 함께했던 지금의 이 시간을, 서로가 따뜻하게 나누었던 미소를, 헛헛했던 뱃속과 마음이 함께 든든하게 채워지는 이 안전한 충만감을 말입니다.

다섯 살 남희가 자라서

다섯 살에 처음 유치원에 입학하고 반년이 넘도록 적응을 하지 못해서 엄마와 함께 등원하고 때로는 아빠까지 함께하는 유치원 생활로 부모님과 나의 애를 끓였던 남희.

그런 남희가 이제 일곱 살이 되어 이렇게 주말이 되면 엄마 설거지를 도와주는 언니가 되었다. 아빠가 너무 흐뭇하셔서 엄마와 설거지하는 남희 모습을 사진으로 찍어 주셨고, 엄마가 이를 휴대전화로 내게 보내왔다.

유치원에서도 남희는 일곱 살 친구로 다섯 살 때 언니와 오빠가 남희를 사랑해 주었던 것처럼 그렇게 동생들을 살피고 사랑해 주는 언니가 되어 있다. 적응이 느렸던 남희의 모습을 애태우며, 또 기다려 주며 지켜 보았기에 이 사진이 더욱 특별하다. 남희가 앞으로 더 멋진 언니가 되어 갈 거라는 믿음에 감사하게 된다.

때가 되면

治大國 若烹小鮮 (치대국 약팽소선)

큰 나라를 다스린다는 것은

마치 작은 생선을 불에 익히는 것과 비슷하다(60장).

– 노자(老子), 『도덕경』中 –

◆◆◆

생선을 구워 보신 분들은 알 겁니다. 제대로 익어서 살이 단단해지기 전에 뒤집으면 생선살이 다 으스러져 버리는 것을요. 하지만 자꾸만 뒤집어 보고 싶은 것이 또 요리하는 사람의 마음이기도 합니다. 라면을 끓일 때에도 냄비 바닥에 기포가 생길 때부터 임계점을 넘어 바글바글 끓어오를 때까지의 그 몇 초에 불과한 시간을 기다리는 것이 얼마나 조바심 나는지를 생각해 보면 이해가 쉬울 것입니다.

교육학의 관점에서 노자 『도덕경』의 이 내용은 아이를 기를 때는 작은 생선을 익힐 때 하듯이 충분하게 무르익을 때까지 기다려서, 꼭 필요한 순간에 최소한으로 개입해야 한다는 가이드로 해석할 수 있습니다. 즉, 조기(早期)가 아닌 적기(適期) 교육의 중요성을 강조하는 것이지요.

하지만 기다리는 일은 쉽지 않습니다. 막 떠난 버스, 다가올 휴가, 떠나간 누군가 등등. 우리는 늘 무언가를 기다리며 사는 것 같습니다. 하지만 이 기다림에도 종류가 있습니다. 만남의 가능성과 기다림의 시간에 대한 고려가 있는 것이지요. 만날 가능성이 높고, 기다리는 시간이 짧을수록 '할 만한 일'이 될 것이고, 그 반대의 경우는 '못할 짓'이 됩니다. 여기에 기다리는 대상의 중요성이 양념으로 더해지면 그 효과는 극대화됩니다. 가슴 절절하게 사랑하는 사람을 한 시간 뒤에 확실히 만난다고 할 때와 그 사람을 다시 만나게 될지, 아닐지도 모르는 상태에서 1년을 기다리는 것의 차이와 같습니다.

아이와 함께하는 선생님과 부모가 궁극적으로 바라는 것은 '아이의 성장과 행복한 미래'일 것입니다. 그런데 우리가 아이들에게 바라는 것이 도대체 가능한 것인지, 기다리면 반드시 될 일인지 아닌지 알지 못합니다. 다른 아이들은 앞으로 전력질주해 가는데 내 아이는 바닥에 뭉개고 앉아 있는 것처럼 보일 때가 있습니다. 상대적 고립감에 불안해지고, 상대적 속도감에 조바심이 납니다. 급기야 이 아이가 너무 소중해서 그 불안과 조바심이 우리 눈을 가리고, 생각을 흐리게 하며 잠식해 가기도 합니다. 아이의 성장을 기다리는 일은 정말 확신도 있고, 마음의 그릇도 큰, 그야말로 '마음의 실력'이 있어야 할 수 있는 일인 것 같습니다.

물론 때로는 진단을 받고, 전문가의 도움을 받아야 하는 아이들도 있습니다. 하지만 이는 정말 소수, 일부에 해당되는 경우입니다. 대부분의 경우 우리가 믿지 못하고, 기다리지 못해서 문제를 만들고 키우는 것이 오히려 훨씬 더 많습니다.

하지만 아이를 키우면서 한번쯤은 경험해 보셨을 것입니다. '우리 아이는 이제 겨우 배밀이하는 수준인데, 저 아이는 서네? 아직 한글도 못 쓰는데, 옆집 애는 알파벳을 쓴다고?'와 같이 그 당시에는 진심으로 별일인 것들이 지나고 보면 다 별일 아닌 것이 되는 경험 말입니다.

먼저, 아이의 특성과 발달을 이해했으면 합니다. 아이마다 발달의 속도와 소질의 영역이 다 달리 프로그램되어 있습니다. 공장에서 완제품으로 찍어 내듯 만들어진 제품이 아니니 너무 당연합니다. 너무 다른 두 사람이 만나서, 또 이들과도 너무나 다른 한 생명으로 태어난 존재, 그 독보적으로 특별한 존재가 바로 각각의 우리 자신이며, 또 우리 아이들입니다. 그러니 어떻게 '평균·표준'이라는 틀에 넣을 수 있겠어요. 정말 '그 아이의 때'가 되면 '다' '저절로' 하게 되어 있습니다. 물론, 아이를 진심으로 믿어 주고 그 때가 되도록 잠잠히 기다려 주어야 합니다.

물론 이걸 다 안다고 해도 기다리는 것은 힘든 일입니다. 쉬운 일이 아니지요. 하지만 확신이 있다면 '못할 짓'이 아니라 '할 만한 일'이 됩니다. 국화가 가을에 꽃을 피우는 식물이라는 것을 안다면, 봄철 개나리와 진달래가 화려하게 봉우리를 터트리며 만개할 때 초라한 풀처럼 봉우리 하나 보이지 않는 국화 줄기를 보고도 조바심을 내지 않을 것입니다. 시기가 다를 뿐, 조건이 맞고 때가 되면 반드시 꽃을 피웁니다. 그것도 아주 풍성한 꽃송이를 자랑하며, 깊고 그윽한 향을 머금은 꽃으로 멋있게 피어나 가을을 장식하고 그 계절을 대표합니다.

우리 아이들이 바로 그런 존재입니다. 그런 아이를 제대로 이해하고, 진중하게 믿으며 기다릴 수 있는 '실력 있는 어른'이 많아지길 소망합니다. 그래서 아이가 자신만의 계절에, 자신만의 꽃을 한껏 피워 내는 아름답고 풍성하고 자연스러운 화원이 이 세상 곳곳에 꾸며져 갔으면 합니다. 그리고 그 귀한 일에 제가, 그리고 우리 모두가 도움을 줄 수 있는 어른이 되길 또한 절실하게 소망합니다.

늦둥이가 전해 주는 가족의 행복 이야기

어버이날을 맞이하여 아이들과 유치원에서 부모님께 드릴 카드와 종이로 꽃도 만들어 보았다. 아이들은 가족을 기쁘게 해 드리기 위해 분주하다.

카드에는 가족이 좋아하는 것을 그려 넣고, 부모님의 존함도 적으며, 또 때론 그림 편지를 쓰다 형님들에게 부탁해 편지글을 적는 친구들도 있다. 그중에서 할아버지, 할머니가 한마을에 같이 살고 있는 늦둥이 서영이는 할아버지, 할머니, 엄마, 아빠 모두에게 드릴 꽃을 만드느라 다른 친구들보다도 더 바쁜 하루를 보냈다.

드디어 5월 8일 어버이날 !!!

아이들은 그동안 만들었던 꽃과 편지, 카드를 집 안 어디엔가 숨겨 두고, 어버이날이 오기를 기다렸다. 그리고 어버이날 아침 일찍 일어나 가족들에게 숨겨 두었던 비밀 선물을 꺼내 드렸다. 편지를 읽어 드리는 친구, 종이로 만든 카네이션 한 송이를 달아 드리는 친구로 유치원 가족들이 함박웃음을 짓는 아침이었다.

서영이 할아버지와 할머니께서는 늦둥이 손녀딸이 고사리처럼 작은 손으로 만든 꽃에 엄청 감격하셨다고 한다. 이 모습을 어머니께서 사진으로 찍어 나에게 문자 메시지로 보내 주었다.

'서영이가 만든 종이꽃, 할아부지 할머니랑 어버이날 파티'

종이꽃 한 송이가 가족들에게 이렇게 큰 기쁨을 안겨 주다니!

부모님 모습이 그려진 카드만으로도, 삐뚤빼뚤 모양이 엉성한 종이꽃만으로도, 맞춤법이 틀린 편지 한 장만으로도 우리의 부모님은 세상을 다 가진 듯 행복해하고 감동하신다. 그걸 만들고 전해 주는 자녀의 마음을 알기 때문일 것이다.

사랑받고 자란 아이

아이들에게 무엇을 성취하고 획득하라고 강요하면

그들은 당신의 기대에 부응하기 위해 훔치고 속이는 법을 배우게 된다.

표면의 욕망이 아닌 아이들 내면의 기쁨을 격려하라.

야망이 아닌 이 인내심을 칭찬하라.

성공으로 가장된 심란한 즐거움에 가치를 두지 마라.

그러면 아이들은 대중이 떠드는 소리 대신

자신의 목소리를 듣는 법을 배운다.

– 윌리엄 마틴(William C. Martin), 「현명한 부모는 아이에게 배운다」 中 –

◆◆◆

부모가 되어 보면 내 자식이 귀해지고, 자연스럽게 세상의 모든 아이가 예쁘게 보입니다. 내리사랑이라고 하니 할아버지, 할머니는 말할 것도 없겠지요. 할머니, 할아버지에게 손주는 우주 최강으로 귀하고 어여쁜 존재일 것입니다. 그런데 이런 손주가 느지막이 가정에 온 선물이라면 그 각별함은 한층 더할 것입니다. 사진 속 서영이처럼 말입니다. 아마 서영이가 숨만 쉬어도, 눈만 깜빡여도 할머니, 할아버지, 엄마, 아빠는 대견하고 기특해서 박수를 치실 듯합니다.

그러게요, 이처럼 자기 자신 그 자체로 충분한 사랑을 받으며 자라는 아이는 다른 사람의 눈치를 보거나 사랑받기 위해 전전긍긍하지 않을 것입니다. 그저 '내가 나이기 때문'에 인정받았던 이 충만함과 자유가 마음에 차곡차곡 저축되어, 더욱 자신에게 집중하게 될 것입니다. 그러니 이 복잡한 세상 배짱 두둑하게 큰소리치며 살 수 있을 것입니다. 때문에 부모가 자녀에게 줄 수 있는 최고의 스펙은, 어쩌면 자녀의 그 존재 자체에 대한 '무조건적인 존중과 사랑'인지도 모르겠습니다.

동그라미를 보고 "너무 두리뭉실하다, 모서리도 없고 어디가 앞인지 뒤인지도 모르겠네. 세모가 인기가 있으니 너도 모서리를 조금 만들어 보면 어때?"라고 한다면 어떻게 되겠어요. 정말 너무 괴로운 일일 것입니다. 그리고 동그라미가 살을 깎는 노력으로 모서리를 만들었다고 해도 세모도, 동그라미도 아닌 어정쩡한, 정체성이 없는 그런 모양이 되고 마는 게 아닐까요? 동그라미는 동그라미인 그 자체로 존중받아야 할 것입니다. 필요충분조건에 따른 사랑, 사랑받을 만해서 사랑하는 것은 에로스적 사랑(Eros love)입니다. 반대로 사랑받을 만한 자격이 없는 상태의 존재라고 하더라도 있는 그대로의 모습, 그 존재 자체만으로 사랑하는 것은 아가페적 사랑(Agape love)입니다. 우리의 할머니, 할아버지께서 주시는 사랑은 보통 그런 아가페적 사랑의 맥락 안에 있는 사랑이 많습니다.

이런 사랑을 받고 자란 아이는 마음에 햇살 같은 밝음과 따스함이 차곡차곡 저축되어 있습니다. 그래서 평생을 살아가는 데 있어 그간 저축된 밝음과 따스함이 큰 자양분이 됩니다. 아니, 이미 아이 자체가 해처럼 빛나는 존재가 됩니다. 그래서 다른 사람에게도 그런 햇살 같은 사랑을 줄 수 있는 사람이 됩니다. 사랑을 받고 자란 아이는 다른 사람을 대할 때에도 그런 넉넉한 마음과 여유 있는 시선으로 바라보게 되니 사랑을 줄 줄 아는 어른이 되는 것입니다.

사실 우리는 누군가와 가깝게 지내며 좋은 관계를 지속해 가기에는 사랑의 실력이 부족한 존재들인 것 같습니다. 가장 가깝고도 가장 사랑하는 가족이 서로에게 상처를 주고 힘들게 하는 것도 사실이니까요. 더구나 핵가족 시대에 자녀들의 할머니, 할아버지, 외할머니, 외할아버지와 좋은 관계를 친밀하게 유지하는 것은 사실 간단하고 쉬운 일은 아닙니다. 물리적으로, 시간적으로, 경제적으로, 감정적으로도 생각보다 많은 것이 요구되기도 합니다. 하지만 이분들만이 주실 수 있는 각별한 사랑과 지혜가 있는 것도 사실입니다.

　그래서 오늘 다시 한번 다짐해 보고 싶습니다. 그저 '숨만 쉬고 있어도 가슴 벅차게 고마운 그런 사랑을 아이들에게 주어야겠다.'고 말입니다. 그리고 '사랑의 지경을 넓혀서 더 많은 사람을 사랑하겠다.'고, '어제보다 오늘 더 사랑하겠다.'고 말입니다.

자연이라서 자유롭게 놀아요

　사량도 아이들은 유치원에 입학하기 전까지 동네에서 같이 놀이할 또래가 없는 것이 일반적이다. 대부분이 혼자 아니면 둘 정도다. 유치원에 처음 입학을 하게 되면 3~5세 통합으로 운영이 된다. 함께 놀이하는 사회생활이 처음 시작되는 것이다.

때문에 처음 한 학기 정도는 유치원 적응에 어려움을 많이 겪는다. 친구나 형님들과 서로 생각 나누기, 교구 나누어 쓰기, 같이 놀이하기 등 처음 겪어 보는 상황에 갈등을 많이 겪게 되기 때문이다. 그래서 의도적으로 기본 생활습관이나 안전지도에 유의점이 많은 3월이 지나면 자연환경에서 놀이하는 시간을 많이 계획해서 자연에서 함께 어울리는 놀이를 하게 한다.

3~5세 아이들이 한 교실에서 함께 생활하는 통합학급 교실에서 놀잇감인 교구를 가지고 놀이할 때는 서로 가지려고 하거나 아니면 무엇인가를 소유하려는 다툼이 자주 일어나고 적응을 잘 하지 못해 갈등을 겪는 아이들을 볼 수 있다.

하지만 자연에서 놀이를 할 때는 그런 일이 일어나지 않아서 갈등을 겪거나 놀이를 하지 못하고 혼자 노는 아이들을 보기 어렵다. 특히 물놀이나 흙놀이는 교실의 교구들처럼 정형화되어 있지 않고 자신이 하고 싶은 것을 마음대로 그리고 손으로 만져 탐색하며 오감을 자극하는 놀이를 하게 된다.

사진 속 아이들처럼 자연 속에서 함께할 때는 아이들이 넉넉한 마음으로 나누고, 서로를 이해하고, 생각을 확산해 내며, 자유롭게 놀이한다. 자연에서 놀이하며 아이들은 자연을 닮아 간다.

'나와 너(I and Thou)'의 관계

인간이 자연-신-인간과 맺는

모든 관계는 '대화적 관계'와 '도구적 관계'로 구분된다.

무엇과도 대체 불가능한 유일한 '나'와

유일한 '너'가 깊은 신뢰 속에서 만나는

대화적 관계를 '나(I)와 너(Thou)'의 관계라고 하고,

필요에 따라서 상대의 가치를 판단하고 목적에 따라 관계를 맺고 끝내는

도구적 관계를 '나(I)와 그것(It)'의 관계라고 한다.

진정한 만남은 '나와 너'의 관계이며,

여기에 참다운 기쁨과 즐거움, 존재가치를 확인할 수 있다.

– 마틴 부버(Martin Buber) –

◆◆◆

과거의 아이들과 지금의 아이들의 놀이는 여러 가지 면에서 참 많이 다릅니다. 과거의 아이들은 골목골목 다니며 "○○야~ 놀자~!" 하며 친구를 불러 모아 들로 산으로 가기도 하고, 고무줄넘기, 공기놀이, 말타기, 소타기 등을 하며 까마귀가 "형님!"할 지경으로 날이 어둡도록 신나게 놀곤 했습니다. 친구 중에 몸이 허약하거나 놀이 기술이 부족한 친구는 '깍두기'라는 신박한 위치를 부여하여 참여의 기회를 더 주며 놀이했던 걸 보면 과거의 아이들의 놀이는 대부분이 '자연에서 온몸을 사용하며 나와 너의 관계' 속에서 이루어진 것을 알 수 있습니다.

요즘 아이들은 어디에서, 신체의 어느 부위를 주로 사용하며, 어떤 관계 속에서 놀이하고 있을까요? '대답은? 명쾌! 하지만 마음은? 복잡!'해집니다. ……요즘 아이들은 무엇을 하고 놀까요? 성인의 안내에 따라 교구를 가지고 놀이를 가장한 학습을 하거나 컴퓨터나 텔레비전, 휴대전화 등을 보거나 하며 노는 것 같습니다. 집에서도 교육(보육)기관에서도 조금이라도 뛰거나 활동적인 행동을 하면 다른 사람에게 피해가 갈까, 아이가 다치지는 않을까 하는 이유로 제지를 당하기 일쑤입니다. 또 하루 대부분의 시간을 미세먼지와 자외선을 피할 수 있는 실내에서 보냅니다. 놀이를 하더라도 자기 자신과 싸우거나 누구를 이겨야 하는 적자생존의 경쟁구도 속에서 합니다. 즉, '실내에서 눈이나 머리, 손가락 등 신체의 일부를 사용하며, 나와 그것의 관계' 속에서 놀이하고 있는 것이지요.

모두가 알고 있듯, 아이들은 놀이를 통해 배우고 성장합니다. 과거의 아이들이 자연 속에서 '나와 너'의 관계를 온몸으로 경험하며 자랐다면, 요즘의 아이들은 인공의 공간에서 '나와 그것'의 관계를 배우고 자라고 있습니다. 자연을, 인간을 그리고 사랑과 윤리와 같은 형이상학적 가치에 대해 필요에 따라 도구적으로 쓰고 버릴 수 있는 것으로 배우고 자라는 것은 아닌지 염려가 됩니다. 어떻게 해야 할까요? '마음은? 복잡! 하지만 대답은? 명쾌!'할 수 있습니다. 바로 '자연'이 그 대답이 될 것입니다.

자연의 일부인 인간이 자연을 만나면 자유, 편안함을 느끼는 것은 매우 '자연스러운 일'일 것입니다. 미세먼지와 황사, 자외선, 중금속 등의 위험을 모르는 것은 아니지만, 어쩌면 작은 것을 얻기 위해 너무 큰 가치를 잃어버리고 있는 것은 아닌지에 대해서도 진지하게 고민해 볼 필요가 있어 보입니다. 아이들이 더 자주 자연과 온몸으로 마주하여 숨이 턱까지 차는 열정으로 만날 수 있었으면 좋겠습니다. 또 그 만남이 우리의 필요를 채우고자 하는 도구적 목적이 아니라 '무엇과도 대체 불가한 소중한 대상, 즉 나와 너 (I and Thou)의 관계'로 만날 수 있었으면 좋겠습니다. 그래서 아이들이 자연과 함께 사람들 사이에서 참다운 기쁨을 누리고, 자신의 존재 가치를 확인할 수 있으면 좋겠습니다. 그럴 수 있다면 참 좋겠습니다.

찾아오는 시장, '싱싱마트'

사량도 아이들의 주말에 지낸 이야기는 주로 바닷가에서 놀았던 이야기와 육지손님에 대한 이야기 그리고 배에다 싣고 들어오는 '마트차' 이야기가 주를 이룬다. 사량도에는 젊은이보다는 나이 드신 분이 많이 거주하고 있어 육지에 자주 나가지 못하는 여건상 생필품을 가득 실은 '마트차'인 '싱싱마트'가 매일 동네를 다니며 사람들에게 필요한 물건을 팔고 있다. 이동식 마트차인 싱싱마트는 각각 통영과 고성 두 군데서 사량도를 찾아온다.

싱싱마트에는 과일, 야채, 빵 등 생활에 필요한 물건들이 거의 다 있다.

아이들도 싱싱마트에서 파는 물건은 뭐가 있는지 다 알고 있다. 특별한 날에 필요한 물건을 미리 주문하면 정해진 날에 받을 수도 있다. 계절에 따라 고추모종, 배추모종 등 사람들에게 필요한 물건이 그때그때 추가가 된다.

주중에라도 산책가는 길에 싱싱마트를 만나면 아이들은 마켓에 온 것처럼 물건 구경을 한다. 궁금한 것도 물어본다. 싱싱마트 아저씨는 아이들이 물건을 구경하러 오면 마트 차 양쪽 문을 활짝 열고, 물건들이 잘 보이게 해 주신다.

> 아이들: 와~~ 바나나도 있다. 오렌지도! 우리 집에도 오렌지 사 둔 거 있는데.
>
> 남희: 내 생일 때 케이크 사다 주셨죠, 아저씨?
>
> 마트 아저씨: 맛있는 걸로 샀는데 맛이 어떻더노?
>
> 남희: 케이크가 맛있었어요!

아이들이 이렇게 자연스럽게 아저씨와 얘기를 나누는 것을 보면 마치 어머니들이 아저씨와 얘기를 나누는 모습과 흡사하다. 수년 동안 시간을 다르게 하여 자기들만의 방식으로 고객을 확보해 섬마을에 생필품을 공급하는 싱싱마트는 어른들에겐 편리한 생필품 구입의 기회가 되고, 아이들에겐 아이쇼핑의 기회가 된다.

이처럼 싱싱마트는 섬마을의 사람들을 기다리게 하는 고마운 차이다. 하지만 바람이 불거나 기상 상황이 나빠지면, 마트차도 사람들도 모두 서둘러 사량도를 떠난다. 그리곤 늘 남겨지는 사람만 남는다.

남겨지는 사람, 늘 함께하는 사람

점점 더 멀어져 간다.

머물러 있는 청춘인 줄 알았는데

비어 가는 내 가슴 속엔

더 아무것도 찾을 수 없네.

계절은 다시 돌아오지만

떠나간 내 사랑은 어디에

내가 떠나보낸 것도 아닌데

내가 떠나온 것도 아닌데 조금씩 잊혀져 간다.

머물러 있는 사랑인 줄 알았는데

또 하루 멀어져 간다.

매일 이별하며 살고 있구나.

매일 이별하며 살고 있구나.

- 김광석 노래 〈서른 즈음에〉 中 -

◆◆◆

섬이라고 하는 공간이 가지는 대표적인 특성은 '분리, 단절'일 것입니다. 외부와 제한적인 여건에서 소통하는 곳이라는 거지요. 사량도도 섬이니 여기서 사는 아이들에게도 역시 외부와의 단절과 제한적 소통에 대한 이슈가 빠지지 않을 것입니다.

특별히 '싱싱마트'는 외부와 사량도를 긴밀하게 연결하는 상징 같은 것이 아닐까 합니다. 사량도에서 구하기 어려운 것들을 구할 수 있는 곳이고, 필요한 것을 주문할 수도 있고, 또 기사님이 아이들을 위해 문턱을 낮춰 주시기까지 하니 어찌 각별하지 않을까요?

하지만 이런 맞춤식 서비스를 제공하는 너무나 각별한 싱싱마트라고 하더라도, 결국에는 섬 내부의 것이 아닌 외부의 것임이 명백합니다. 이는 싱싱마트가 고성과 통영이라는 외부 지역에서 들어와 사량도를 이동하며 다니는 것을 통해서도 외부의 것임을 확인할 수 있습니다. 더욱이 기상 상황이 좋지 못할 때는 사량도에 들어오지 못하고, 또 상황에 따라서는 서둘러 떠나야 하는 뒷모습을 통해서도 강하게 확인할 수 있을 것입니다. 그래서 결국에는 '늘 남겨지는 사람들'만이 남는 섬, 사량도가 됩니다. 하지만 엄밀하게 말해, '남겨지는 사람'이 아니라, 사실은 '늘 함께하는 그 사람들'의 섬이 바로 사량도인 것이지요.

조부모님과 함께 살았던 어린 시절 비슷한 유의 감정을 경험했습니다. 어린 마음에도 어쩌다 한 번 명절이나 특별한 날에 찾아와 음식이나 선물을 주시는 친척들에게는 조부모님께서 몹시 고마워하시면서도, 두 분과 함께 한 집에 살며 늘 두 분을 챙기는 당신의 맏아들과 며느리, 즉 나의 부모님이 섬기는 것은 당연하게 생각하시는 것이 불합리하게 느껴졌습니다. 시끌시끌했던 명절이 끝나고, '어쩌다 한 번' 오셨던 분들을 배웅하며 못내 서운해하시는 조부모님을 보면서 '할아버지, 할머니는 결국 우리랑 사시는 건데' 하고 뾰루퉁한 얼굴로 볼멘소리를 했던 기억이 있습니다. 그러게요, 처음부터 '함께 있었던 사람이 우리'였던 것이지, '늘 남겨지는 사람이 우리'는 아닌 거니까요.

남겨지는 사람이 우리든, 늘 함께했던 사람이 우리든…… 어느 쪽이나 이별은 항상 어려운 일입니다. 경험이 부족하면 더 어렵고, 각별한 마음이어도 더 어렵겠지요. 어쩌면 사랑도 아이들은 단절과 소통의 경계에서, 남겨지는 자와 늘 함께하는 자의 경계에서 매일 이별하며 이별을 연습하며 살고 있는 건지도 모르겠습니다.

사량도에는 마늘이 유명해요

여름이 시작되는 유월, 산책 가는 길의 밭엔 대부분 마늘이 자라고 있다. 사량도 마늘은 해풍을 맞고 자라 단단하고 맛이 있어 관광객들이 오면 많이 사 가지고 간다.

가을이면 사량도에서는 밭에다 마늘을 심는 손길이 바쁘다. 가을에 마늘을 심어 두면 추운 겨울을 이기고 봄이면 싹이 나서 늦은 봄엔 사량도 길 곳곳에서 마늘을 말리는 모습을 쉽게 볼 수 있다. 마늘을 캐고, 말리는 모습에 아이들도 익숙해 있다.

얼마 전 산책길을 걷다 보니 밭에 뽑아 두었던 마늘이 줄기가 잘리고, 보도블록 위에 따뜻한 햇볕을 받으며 마르고 있었다. 시골에서 마늘 농사를 지으시는 부모님 아래에서 자란 나에게 마늘을 따뜻한 바닥에 거의 굽듯이 말리는 모습은 다소 생소하게 다가왔다. 그래서 사량도에 오던 첫해에 아이들에게 물어보니 사량도에서는 마늘을 이렇게 잘 말려서 걸어 두고 먹는다고 얘기해 주었다.

아이들도 자라서 어른이 되면 마늘 농사를 지을 것이고, 잘 말려서 걸어 두고 먹는 지혜를 배워 그렇게 할 것이다.

'그럴 만한' 이유가

운명이 너에게 부여한 환경에 잘 적응하라.

그리고 운명에 의해 주어진 네 이웃에게

진심으로 사랑과 친절을 베풀라.

그들 역시 너와 같은 운명을 타고난 사람들이다.

– 마르쿠스 아우렐리우스(Marcus Aurelius) –

◆◆◆

사진 속 아이들과 또 그 아이들이 마주하고 앉은 '따뜻한 바닥에서 잘 구워지고 있는 마늘'을 보니 코로는 알싸한 마늘향이, 등으로는 간질간질 따뜻한 햇살이 지나가는 듯합니다. 그러게요, 보통 마늘은 서로 얽어서 세워 말리는 것이 일반적인데 사량도식은 좀 낯선 방법이긴 합니다. 이 '낯섦'이 사량도 아이들에게는 '낯익음'이겠지요.

유행하는 헤어스타일이나 말투, 음식에 대한 기호와 같은 개인의 취향에 관한 영역에서부터 시작해 직업, 결혼, 인생에 대한 관점, 지지하는 정책과 정당 등 더 큰 범주의 이슈들에 이르기까지 우리의 삶에는 여러 이슈가 결결이 있습니다. 우리를 당혹스럽게 하고 때로는 불편하게 하는 사람들 간의 잡음은 결국에는 이런 결들에 있어서 서로의 낯섦과 낯익음 간의 충돌인 경우가 대부분인 것 같습니다.

우리는 누구나 주어진 환경에 적응하며 살아가고 있습니다. 그 방식이 낯익고, 또 반대로 낯설다는 것은 관련 경험에 대한 노출 정도로 결정되는 것이지 옳고 그름이나, 잘하고 못하고의 문제는 아닐 겁니다. 가만히 생각해 보면, 모든 것은 상대적인 것이고, 저마다에게 허락된 환경과 상황에 적절하게 적응한 결과일테니까요. 나에게 낯익어 익숙한 그 방법이 누군가에게는 낯설고 비합리적인 방법일 수 있습니다.

같은 맥락에서 "로마에 가면 로마법을 따르라(when in Rome, do as the Romans do)."라는 격언 역시, '특정 지역이나 문화권에서 그렇게 하는 것에는 그럴 만한 이유가 있으니 존중하라.'는 의미로 이해할 수 있을 것입니다. 따라서 이 격언 앞에 생략된 '로마법은 로마의 상황과 정서를 가장 잘 반영한 법이기 때문에'라는 내용이 우리가 더 깊이 고려해야 할 부분이라는 생각을 해 보게 됩니다.

도저히 이해할 수 없는 누군가, 어떠한 선택과 결정들로 마음이 부대끼는 부분이 있다면 이렇게 해 보면 어떨까요. 우선은 나의 합리적인 — 대부분은 합리적이라고 생각하지만 지나고 보면 아닌 경우가 많은 — 판단이나 생각은 일단 접고, 주어진 상황이나 상대의 생각 그 자체를 존중하고 받아들이는 것입니다. 그리고 여전히 나에게는 이물감이 있는 그것을 그냥 믿어 보는 겁니다. '그럴 만한 합리적인, 혹은 필연적인 이유'가 있을 거라고 말입니다.

우리가 저마다의 삶의 영역에서 이처럼 나의 것을 한 자락 접고, 또 상대의 것을 한 자락 그대로 수용해서 나의 것으로 받아들이는 것은 서로에 대한 존중과 겸손한 배움의 기회가 될 것이라고 믿습니다. 그리고 이처럼 자신의 생각을 접을 수 있었던 넉넉한 마음 한 조각과 타인의 것을 그대로 나의 것으로 수용했던 한 조각들이 모여서 결국에는 세상에 하나뿐인 아름다운 퀼트 작품이 될 것이라고 믿습니다.

산책길에서 만난 잣밤나무

산책을 마치고 돌아온 친구들이 멀리 바다가 보이는 면사무소 잣밤나무 아래서 쉬고 있다. 더운 여름 시원한 그늘을 만들어 주어 오가는 산책길에 늘 우리가 쉬는 곳이다. 사량도에 와서 처음 보는 잣밤나무는 양래가 가르쳐 주어 알게 되었다. 봄이 되어 꽃들이 피기 시작한 어느 날 나무 아래서 쉬고 있는데 아이들이 이상한 냄새가 난다고 말하기 시작했다. 그러자 양래가 말했다.

양래: 이 나무가 잣밤나무다!

나: (양래의 말을 듣고, 나무 위를 쳐다보며) 양래야!! 여기 밤나무가 어디 있어?

양래: 지금 이 냄새가 잣밤나무에서 꽃이 필 때 나는 냄새예요. 꽃이 피고 나면
이 나무에 작은 밤이 열려요. 가을이 돼서 먹어 보면 밤하고 똑같은 맛이
에요.

첫해 가을 잣밤나무 아래서 밤을 주워 양래가 먹어 보라고 했을 때, 그 맛
이 참 고소하고 모양도 알밤과 똑같이 생긴 것이 신기했다.

유치원 친구들 중 양래만 알고 있었던 잣밤나무.

양래는 할머니와 함께 살면서 할머니가 유치원 옆에 있는 밭에 가시면
몸이 불편한 할머니에게 무슨 일이라도 있을까 봐 농기구도 들어 드리면서
할머니와 늘 함께 다닌다. 수확한 밭작물을 작은 수레에 싣고 이 수레를 끌
고 집까지 가는 길에 있는 잣밤나무를 양래는 할머니로부터 들어 알게 되
었는지도 모르겠다. 양래는 이 밤을 어떻게 까서 먹었을까? 양래는 또 누구
에게 이 나무에 대해 알려 줄까? 나무는 알고 있을까? 오늘은 할머니 곁에
서 수레를 함께 밀며 걸어가는 양래가 자꾸만 생각난다.

이름을 안다고 정말 아는 걸까?

"저 새가 뭔지 아니? 저건 갈색목개똥지빠귀라고 하지.

포르투갈어로는……, 이탈리아어로는……, 중국어로는……. 라고 한단다.

자 이제 너는 저 새의 이름을 세상의 모든 언어로 알았단다.

그런데 새의 이름을 아는 것만으로 그 새에 대해 잘 안다고 할 수 있을까?

자, 이제 저 새를 살펴보자.

그 새가 어떻게 정확히 길을 찾아 먼 거리를 날아 이동하는지,

새끼에게 어떻게 나는 법을 가르치는지 말이야.

- 리처드 파인만(Richard Phillips Feynman), 『발견하는 즐거움』 中 -

◆◆◆

'잣밤나무가 뭘까?' 하는 마음에 찾아보았습니다. 나름 자연에서 나고 자랐다고 자부하는데도 생경한 이름입니다. 몇 개의 글을 찾아보니 잣밤나무, 즉 '구실잣밤나무'는 보통은 바닷가 산기슭에서 자란다고 하니 내내 내류에서 살아온 제가 모를 만도 합니다. 2년에 한 번씩 열리는 도토리처럼 생긴 작은 열매는 그 맛이 달아서 '꿀밤나무'라고도 하고, 열매가 작아서 '짜밤(짜잘한 밤)나무'로도 불리는데, 이 열매를 까서 생으로 씹으면 생밤보다 더 달콤하고 씹을수록 고소함이 더해진다고 합니다. 이제 바닷가 산기슭에 가게 되면 이 잣밤나무를 찾게 될 것 같습니다. 모두 양래 덕분이네요.

어릴 적 자연 속에서 우리는 서로가 서로에게 양래였던 것 같습니다. 쑥을 캐서 쑥떡이나 쑥버무리를 해 먹고, 빨간 대롱을 쏙 뽑아 사루비아 꿀을 빨아 먹고, 돌 밑을 가만가만 뒤집어서 잡은 다슬기를 바늘 끝으로 콕 빼서 먹을 수 있었던 것도 모두 함께 있었던 동네 친구들이나 몇 살 터울의 형님들, 동생들을 통한 배움 덕분이었습니다. 비단 먹는 것에만 국한되지 않았지요. 아카시아 잎을 호로록 떼어 낸 줄기로 머리카락을 말아 올리는 아카시아파마, 나뭇가지 몇 개로 하는 산가지 놀이, 자치기처럼 자연물로 하는 놀이에서도 우리는 서로에게 스승이고 학생이었지요.

자연에서 자연물을 가지고 놀이하면서 우리는 늘 넉넉하고 한결같은 자연을 배우고 내면화해 왔는지도 모르겠습니다. 우리 주변의 수많은 양래에게 듣고 보아 알게 된 자연에 대한 지식은 책이나 매체를 통해 학습하게 된 지식과는 완전히 다른 정서와 결로 저장되는 것 같습니다. 세상 모든 소통이 머리가 아닌 가슴이긴 하지만, 특별히 '자연'에 대해서는 사량도의 양래처럼 눈으로, 입으로, 가슴으로 경험해 보는 것이 중요하다는 것이지요. 그래서 생각하게 됩니다. 이름이 아닌 '경험과 정서'를, 머리가 아닌 '가슴'으로, '전달'이 아닌 '공유'를 할 수 있는 선생님이 되어야겠다고 말입니다.

때때로 아이들이 찾아와 외롭지 않은 집

우리 친구들이 산책 다니는 길에 석류나무와 여러 종류의 꽃과 채소가 심어져 있는 아름다운 집이 한 채 있다. 이 집 주인은 집이 부산이라 가끔 방문하는 반면, 우리 친구들은 마음씨 좋은 주인분의 허락을 얻어 산책을 할 때면 이 집에 자주 들르곤 했다.

그래서 어쩌면 우리 친구들이 봄, 여름, 가을, 겨울 주인이 가꾸어 놓은 정원에서 아름다운 꽃이 피고 열매가 맺는 것을 수시로 봐 주는 유일한 관객이라고 할 수 있을 것이다.

아이들은 허브 꽃을 보며 꽃과 잎사귀에서 나는 향기에 대해 얘기를 한다. 허브 잎을 조금 떼어 유치원에서 허브차를 만들어 마셔 보기도 한다.

　가끔씩 주인분을 만나는 날엔 과자와 과일을 나누어 주시면서 당신이 없어도 자주 놀러 오라고 하신다. 이 집을 방문하는 날엔 아이들은 자기 집에 온 듯이 자연스럽게 탁자 위를 걸레로 닦고, 간식도 먹고, 차도 마시고, 얘기도 하며 시간을 보내다 간다.

　그래서 우리 친구들이 지어 준 집의 이름은 '외롭지 않은 집'이다.

아이들의 정원, 킨더가르텐(Kindergarten)

하지만 아이들이 떠나자 정원에 새들은 모두 날아가고, 꽃들도 시들었어요.

아이들이 찾지 않는 정원에는 봄이 오지 않았습니다.

여름도, 가을도 찾아오지 않았어요.

신이 난 것은 오직 눈과 서리뿐이었지요.

거인은 추웠지만 왜 자신이 추워야 하는지 알지 못했답니다.

– 오스카 와일드(Oscar Wilde), 「저만 알던 거인(거인의 정원)」 中 –

♦♦♦

긴 여행에서 돌아온 거인은 아이들의 놀이터가 되어 버린 자신의 정원을 보고 담을 쌓아 아이들을 들어오지 못하게 합니다. 그러자 거인의 정원에는 겨울만 계속되었고 다시 아이들이 거인의 정원을 찾아오자 봄이 돌아왔다는 내용의 그림책이 있습니다.

이 책은 저에게 좀 특별한 기억입니다. 초등학교 때 다녔던 피아노학원에서 우연히 읽고는 왠지 모르게 이 책이 너무 좋아서 용돈을 모았습니다. 서점에 가서 이 책을 찾아 살 때의 기쁨이 아직도 참 또렷합니다. 지금도 삽화가 눈에 선명할 정도로 표지가 나달나달해지도록 읽고 또 읽었던 책이었지요. 바로 『저만 알던 거인』입니다.

오늘 사량도 아이들이 집주인보다 더 자주 찾는다는 집—물론 이 집주인분은 아이들을 환영해 주시네요. 제가 책에서 만난 거인과는 매우 다르게 말입니다—이야기를 보며 그 책이 오버랩되었습니다.

아이들이 찾아 주어서, 자기 집에 온 듯 자연스럽게 시간을 보내다 갈 수 있어서 그리고 그런 아이들을 환영해 주시는 주인분이 계셔서…… 저 정원이 아름다운 집은 절대 '외로울 수 없는 집'인 것 같습니다.

아이를 인화(人華: 사람 꽃)라고도 합니다. 꽃보다 더 아름답고 향기롭지요. 그래서 아이들이 있는 곳은 그곳이 어디든 세상에서 가장 아름다운 정원이 됩니다. 아이들의 웃음소리가 있는 곳은 그곳이 어디든 아름다운 낙원이 됩니다. 그래서 프뢰벨은 유치원을 '아이들의 정원(Kindergarten)'이라고 이름 붙였는지도 모르겠습니다.

세상 모든 곳에 꽃송이 자체인 아이들이 행복하게 웃음꽃, 이야기꽃을 가득가득 풍성하게 꽃피울 수 있으면 좋겠습니다. 각 가정이, 학교가, 지역 사회가, 세계가 그런 소담한 꽃무더기들로 가득한 정원들이 되어 날마다 더욱더 향기로워지면 좋겠습니다.

가을 나무에 빠진 아이들

섬마을인 사량도에서는 단풍이 든 나무, 나무에서 곱게 익어 가는 홍시와 같은 가을 풍경을 만나는 기회가 귀하다.

사량도의 가로수는 동백나무나 상록수가 대부분이고, 벚나무가 있긴 한데 가을이 오기 전에 몇 번씩 지나가는 태풍으로 미처 단풍이 들지 못하고 잎이 떨어져 가을 나무는 휑하니 가지만 달고 서 있기 때문이다.

그래서 감나무나 유실수도 보기 어렵고 고추 모종도 열매를 따기 전에 태풍을 만나면 열매를 달고 있지 못하기 일쑤다. 어느 해 가을엔 태풍으로 배추 모종을 세 번이나 다시 심을 정도였다고 들었다.

그런 사량도에서 자라는 아이들과 진주 수목원으로 가을 소풍을 갔다. 고운 단풍나무와 떨어진 나뭇잎을 보고 주체를 할 수 없을 만큼 흥분하는 모습을 보인다. 냄새도 맡아 보고, 주워서 던져도 보고, 고운 색깔을 한참을 들여다보기도 한다.

하루 종일 단풍에 빠져 놀다가 배 시간이 되어 사량도로 들어왔다. 다음 날 아이들 가방에서 하룻밤을 보낸 단풍잎들이 쏟아져 나왔다. 늘 육지에서 보는 가을 풍경을 보여 주고 싶었는데 작전 성공이다. 단풍에 빠져 노는 아이들의 모습이 내 눈에 알록달록한 단풍처럼 드리워진다.

올가을은 말 그대로 참…… 가을 가을한 가을이다!

매운바람 지난 자리

"나무도 자주 바람에 휘둘리지 않으면 굳건하지도 튼튼하지도 못하오.

나무는 괴롭힘을 당함으로써 튼튼해지고 더 깊이 뿌리를 내리지요.

양지바른 골짜기에서 자란 나무는 쉬이 꺾이지요."

– 세네카(Lucius Annaeus Seneca), 「세네카의 대화」中 –

◆◆◆

우리나라의 기후도 많이 변화되어 여름이면 크고 작은 태풍을 만나게 됩니다. 올여름, 이름도 어려웠던 어떤 태풍이 제가 살고 있는 지역을 지나가 연일 일기예보를 살피며 긴장하고 있었습니다. 다행히도 태풍의 세력은 밤 사이 약해져 가볍게 훑고 다른 지역으로 빠져나갔다는 기상소식에 가벼운 마음으로 출근길에 나섰던 어느 아침이었습니다.

너무나 익숙했던 동네의 정경이 그 낯선 태풍의 이름만큼이나 낯설게 변해 있었습니다. 늘 단정했던 보도블록과 차도 위에는 어지러이 나뭇가지와 나뭇잎이 어푸러져 있고, 뿌리가 뽑혀 누워 있는 나무도 보였습니다. 헤어컷을 한 듯 단정했던 사철나무는 낮잠을 자고 일어난 아이의 머리처럼 부스스하게 변해 있습니다. 푸른 옷으로 갈아입은 가지를 옆으로 부지런히 펴면서도 위로 자라나던 메타세쿼이아의 풍성하던 잎들은 밤 새 태풍의 매운바람에 시달린 흔적으로 가지만 앙상하게 드러나 있었습니다.

'아, 가여운 나무들…….' 안쓰러운 눈길로 뽑히고 떨어진 그들을 바라보다가, 문득 매운바람이 지나간 잔해 속에서도 '여전히' 건실하게 서 있는 나무들, 나뭇가지들 그리고 그 나뭇가지에 어린 잎맥을 펼치고 인사를 건네는 나뭇잎들이 눈에 들어왔습니다.

'이 강인한 생명력이라니!' 평상시에는 알 수 없었던 약하고 부실했던 것들이 태풍이라는 어려움 앞에서 모두 드러나는 것 같습니다. 부실한 뿌리의 나무와 약한 가지는 뽑히고 부러지는 일련의 정제 과정을 통해, 어쩌면 나무와 숲은 더욱 건강해지고 있는 중인지도 모르겠습니다.

문득 몇 해 전 연구년을 보냈던 미국 중부의 작은 시골마을에서의 여름이 떠오릅니다. 비교적 기후가 좋아 햇살도 물도 적절하고, 토양도 비옥해서인지 나무들이 어찌나 키가 높게 쭉쭉 잘 자라나는지 감탄을 하곤 했지요. 그러던 어느 밤 비바람이 좀 불었는데, 다음날 아침 그 키 큰 나무들이 뿌리째 뽑혀 넘어진 것을 보고 다소 황당했던 기억이 있습니다. 키가 그렇게나 큰 나무의 뿌리가 어쩜 그리 빈약하던지요. 모든 것이 풍부하니 억척과 열심을 내서 땅속 깊이 뿌리를 내릴 이유가 없었을 것입니다. 그러니 가볍게 지나가는 비바람에도 뿌리째 뽑혀 넘어지는 운명이 되었을 것입니다. '작은 고추가 맵다'는 어른들의 말씀도 이런 뜻이었을 테지요.

그래서 우리 아이들에게도 아프고 시린 매운바람이 꼭 필요한 것 같습니다. 그 매운바람이 지나가며 마음의 모난 부분이 깎이고, 좁은 마음의 문이 넓어지며 성숙해질 테니까요. 척박한 토양에서 매운바람과 싸우며 깊이 뿌리내려 견고한 나무가 되어 갈 테니까요.

사량도 아이들이 육지에서 만났던 아름다운 단풍나무보다는 사량도에서 늘 만나는 다소 엉성해 보이는 나무들을 닮았으면 합니다. 해풍과 태풍이라는 호되게 매운바람에 사시사철 단련된 최정예 사량도 나무들처럼 우리

아이들도 크고 작은 어려움과 고난을 통해 더 내실 있고 견고하게 자라났
으면 합니다.

초대받은 작은 손님들

유치원에서 우체국으로 가는 길 바닷가에 찻집이 새로 생겼다. 사장님은 사량도에 있는 지리산에 등산왔다가 사량도의 매력에 흠뻑 빠져서 이곳에 찻집을 내셨다고 했다. 덕분에 매일 사량도를 보기 위해 육지에서 배를 타고 찻집에 왔다 또 당일 저녁엔 육지로 나가시는 분이시다. 그래서 배가 뜨지 않는 비 오는 날, 바람 부는 날엔 문을 열지 않는 찻집이다.

어느 날 아이들과 산책을 하며 이 찻집 앞을 지나는데, 사장님이 쫓아 나오셨다.

"아유~ 이뻐라! 너희 어디 가니? 이따가 가는 길에 꼭 찻집에 와서 음료수 마시고 가라."

사장님의 간곡한 부탁에 돌아오는 길에 찻집 앞을 지나가는데 사장님이 찻집 앞에서 기다리고 계셨다. 아이들을 위해 시원한 오렌지 주스를 테이블 전체에 세팅을 해 놓고 기다리고 계셨다고 하신다. 우리 아이들 외엔 손님이 아무도 없는 찻집에서 아이들은 너무 자연스럽게 자리에 앉아 주스를 마시며 얘기를 나누고 있다. 감사하고 미안한 마음에 주스 값을 계산해 드리려고 했더니 '아이들이 너무 이뻐서 대접해 주신 것'이라고 하시며 손사래를 치신다.

주스를 대접받고, 시원한 에어컨 아래서 한참을 쉬었다가 인사를 드리고 나오려는데 사장님이 "애들아, 또 놀러 와라, 잘 가." 하시며 문밖에 나오셔서 아이들마다 손을 잡아 주시며 인사를 한다. 미안하고 감사한 마음에 학교 직원 선생님들과 차를 마시러 찻집을 찾아갔지만, 바람이 불고 비가 와서 며칠 동안 문을 닫아 바로 만나기가 어려워 마음이 쓰였던 기억이 있다. 아이들에게 넉넉하게 대접해 주신 사장님의 마음에 지금도 감사드린다.

환대

사람이 온다는 건

실은 어마어마한 일이다

한 사람의 일생이 오기 때문이다.

······(중략)······

부서지기 쉬운

그래서 부서지기도 했을

마음이 오는 것이다 −

그 갈피를

아마 바람은 더듬어 볼 수 있을 마음

내 마음이 그런 바람을 흉내 낸다면

필경 환대가 될 것이다

− 정현종, 「방문객」 中 −

◆◆◆

제가 현장 교사였던 그 언젠가 아이들과의 산책길에 코스모스가 흐드러지게 핀 아름다운 곳을 지난 적이 있었습니다. 그 광경이 너무 예뻐 아이들을 꽃 옆에 세워 함께 사진을 찍었는데, 나중에 사진을 보며 꽃보다 우리 아이들이 더 예쁘다는 것을 새삼 깨달았던 기억이 있습니다. 그러게요, 아이들과 생활하는 모든 부모님, 선생님은 정말 '꽃보다 아름다운 아이들'과 늘 함께 계시는 것이랍니다.

그래서 아이들과 현장견학을 가거나 산책을 나서면 웃으며 바라봐 주시거나, '어느 원의 아이들인지, 어디 가는 길인지, 몇 살인지?' 등등 살갑게 물어봐 주시는 분들을 많이 만나게 되는 것 같습니다. 환한 햇살 아래 올망졸망 걸어가는 아이들의 모습은 정말 예쁘고 또 사랑스럽습니다.

찻집 사장님의 마음도 그러셨나 봅니다. 특별히 이 분은 사량도를 사랑하는 분이니, 이 사량도 아이들이 더 각별하셨는지도 모르겠습니다. 찻집 사장님의 안목이 참 높으신 것 같습니다. 그리고 그 마음을 표현하시는 것에서도 참 멋지십니다. 아이들이 산책을 마치고 돌아오기를 기다려 이렇게 음료를 대접해 주시다니요! 특별대우도 이런 특별대우가 없습니다.

더욱 특별한 것은 이 각별한 환대를 저처럼 일상인 듯 자연스럽게 누리고 있는 아이들입니다. 그렇습니다. '무조건적인 사랑과 존중'은 모든 아이가 누려야 할 당연한 권리입니다.

   다시 사진을 봅니다. 세상에! 너무 아름답고 평화롭습니다. 이름 모를 지나가는 아이들이 예뻐서 말을 건네고, 그 아이들을 기다리며 테이블을 정리하고, 음료를 준비해 주신 어른의 사랑이 너무나 귀합니다. 또 그 사랑을 저처럼 당연하고 자연스럽게 누리는 아이들이 눈이 부시게 아름답습니다. 아름다움을 알고 귀히 대접하는 아름다운 어른들이 많아져 아이들이 덩달아 세상을 더욱 귀하고 아름답게 살아가게 되길 바라 봅니다.

얘들아, 늘 지금처럼

날씨가 더워지는 여름이 다가오면 유치원의 뒷산을 하나 넘어야 있는 주연이네가 사는 대항마을의 해수욕장에 자주 간다. 해수욕장엔 넓은 모래밭과 바닷물이 있어 아이들이 한나절 마음껏 놀다 오기에는 너무 좋은 환경이다.

물때를 보고 물이 많이 빠진 날은 모래와 물이 섞여 있어 마음껏 놀이에 빠져 볼 수 있는 시간이 된다.

처음엔 혼자 모래 만지기, 모래를 깊게 파면서 물이 나오는 것 보기, 그림 그리기 등 '혼자 놀이'를 하다 시간이 지나면 길 만들기, 물길 만들기 등 '함께 놀이'로 확장된다.

늘 동네에서는 혼자 놀거나 어른들과의 생활에 익숙한 아이들은 처음 유치원에 와서 함께 놀이하는 방법을 몰라 친구들과의 의견 교환이 어려웠다. 또 적응이 힘들어 어머니가 한 학기를 같이 유치원에 다닌 경우도 있다. 그만큼 사량도 아이들이 사회성을 기르기 위해서는 도움이 필요한 부분이 많은 것이 사실이다. 이런 아이들에게 사량도의 자연환경은 사진에서처럼 평안하게 서두르지 않으면서 '친구들과 함께 어울려 놀기'를 가르쳐준다.

정직한 뒷모습

뒷모습이 어여쁜 사람이

참으로 아름다운 사람이다.

자기의 눈으로는 결코

확인이 되지 않는 뒷모습

오로지 타인에게로만 열린

또 하나의 표정

뒷모습은 고칠 수 없다.

거짓말을 할 줄 모른다.

⋯⋯(후략)

- 나태주, 「뒷모습」中 -

◆◆◆

심리학자들은 우리가 누군가를 처음으로 만났을 때, 0.3초라는 짧은 시간 동안 상대방에 대해 호감인지, 비호감인지를 결정하며, 평균 3초 이내에 누군가에 대한 첫인상을 판단한다고 합니다. 더불어 이 첫인상을 깨기 위해서는 친밀감을 바탕으로 그 사람과 개인적인 관계를 맺거나, 첫인상보다 200배 이상 강렬한 임팩트(impact)가 있어야 한다고 하니 첫인상은 참 중요한 것 같습니다. 면접이나 소개팅과 같이 잘 모르는 사람을 만나게 될 때 우리가 옷차림이나 말투, 표정 등을 세심하게 살피고 준비하는 것도 이 때문이겠지요.

하지만 저는 첫인상보다 뒷모습이 더 중요하다고 믿습니다. 그래서 좋은 첫인상으로 기억되는 사람이기보다는 아름다운 뒷모습으로 기억되는 사람이 되는 것이 저의 소망이고 삶을 살아가면서 꼭 지키고 싶은 신념입니다.

첫인상은 그 사람과의 '관계를 시작하기 이전까지의 나에 대한 평가'라고 한다면, 뒷모습은 그 사람과의 '관계 전체에 대한 평가'라고 생각하기 때문입니다. 즉, 잘 모르고 한 예측이 첫인상이라고 한다면, 겪어 보며 알게 된 후의 정확한 평가가 뒷모습이기 때문입니다. 그리고 한 걸음 더 나아가, 이제는 어떤 관계와 일이 끝나서 더 볼 사이도, 더 이상 쓰임도, 상관도 없어진 상황과 사람을 대하는 방식인 그 사람의 뒷모습이 곧 그 사람의 품격이라고 믿기 때문입니다.

 사진 속 선생님과 아이들의 뒷모습을 보면서 마음이 푸근해집니다. 뻘 속에서 무언가를 찾는 듯 분주한 아이, 친구와 채 못다 한 이야기를 나누는 아이, 물끄러미 바다를 바라보는 아이의 뒷모습이 '이들이 서로의 사이에서 얼마나 안전하고 자유로우며 충만한지' 말해 주는 듯합니다. 뒷모습은 어떤 기교도 포장도 없는 듯 참 정직합니다.

 그리고 한 걸음 뒤에서 조그만 아이를 포옥 안고 계신 선생님의 뒷모습에 한참 눈이 머뭅니다. 선생님의 볼을 간질이는 아이의 머리카락과 따뜻한 체온을 저도 같이 느껴 봅니다. 수평선 저 멀리를 바라보고 있는 선생님과 아이는 어떤 표정이었을까요? 저 평안한 풍경 속 아이들 곁에 함께 있고 싶어집니다.

 그리고 소망하게 됩니다. 나의 뒷모습이, 우리의 뒷모습이, 우리가 살아가는 지금 이곳의 뒷모습이 두고두고 아름답고 선하게 기억되길 말입니다.

02
사랑도 아이들과 놀이

아이들의 권리이자 호흡, 놀이(PLAY)

"술래잡기 고무줄놀이 말뚝박기 망까기 말타기 놀다 보면

하루는 너무나 짧아(중략) 멋진 장난감 하나 없어도

잊지 못할 내 어린 날 보물들"

자전거를 탄 풍경이 부르는 '보물'이라는 노래의 일부입니다. 환경적으로 풍족하지도, 세련되지도 못했던 우리의 어린 시절을 노래 제목인 '보물'처럼 반짝이도록 채워 준 놀이 이름들로 시작되는 이 노래의 도입부를 저는 참 사랑합니다. 전주 다음 등장하는 아이들의 쾌활한 목소리도 좋고, 무엇보다 이 노래를 통해 오랫동안 잊고 지냈던 어린 시절의 그 정겨운 놀이를 떠올리며 마음 가득 미소가 피어오르기 때문에 더욱 애정을 느끼게 됩니다.

그러게요, 우리들이 소위 '좀 놀았던' 그 시절의 **놀이에는 어떤 것들이 있었을까요?** 보통 하교 이후에 "누구야, 놀자."라는 외침이 삐뚤빼뚤 조약스러운 골목길로 돌림노래처럼 울려 퍼지는 것은 놀이의 서막과도 같았지요. 그렇게 빠뜨리는 아이 없이 탈탈 동네의 재원을 모두 모으는 것으로 우리의 놀이는 시작되곤 했습니다. 나이가 어린 동생을 귀찮아하면서도 데리고 나온 친구도 있었고, 든든한 언니 오빠의 호위를 받으며 등장하는 막내

들도 있었지요. 그렇게 다양한 연령의 동네 아이들이 모여 오늘은 무엇을 하며 놀 것인지 잠깐 이야기를 나눕니다. 이 과정에서 자연스럽게 그룹이 나누어집니다. '술래잡기'나 '무궁화 꽃이 피었습니다'와 같이 넓은 공간에서 많은 아이가 참여하는 놀이도 있었고, '우리 집에 왜 왔니, 말뚝박기, 말타기'와 같이 편을 나누어 넓은 공간을 활용해서 하는 놀이도 있었지요. 이런 놀이는 요즘으로 치면 대집단 활동, 편 게임이라는 범주의 활동일 것입니다. 이런 놀이를 선호하지 않거나, 차례를 기다리기 지겨운 친구들, 또는 나이나 역량에서 밀려난 몇몇의 아이들은 놀이 공간 외곽에서 '딱지치기, 구슬치기, 땅따먹기'와 같은 놀이를 하곤 했습니다. 이런 놀이들은 정해진 공간에서 2명 내외의 아이들이 상대적으로 소근육을 조금 더 사용하는 놀이로, 소집단 활동에 해당하는 놀이가 되겠네요.

이런 놀이가 이루어진 장소는 어떤 곳이었지요? 당시 아이들의 놀이터는 요즘 흔히 만나게 되는 모던한 인테리어나 놀이시설이 있는 공간은 아니었습니다. 과거의 아이들은 놀이를 위한 시설이 있는 놀이터에서 놀지 않았습니다. 학교가 가까이 있어서 운동장을 쓸 수 있으면 행운이었고, 그나마 학교와도 거리가 먼 곳에 살고 있었던 친구들은 골목이나 상대적으로 공간이 있는 누구네 집 대문 앞, 공사 자재를 쌓아 놓은 공터와 같이 어른들이 사용하지 않는 공간, 혹은 버려진 공간에서 짬짬이 놀이를 했습니다. 또는 산이나 들로 다니며 놀이하기도 했지요. 그리고 보니 우리가 어릴 때, 즉 과거의 아이들은 놀이의 공간이 대부분 '실외' 혹은 '자연'이었네요. 전혀 구조화되어 있지 않은 요즘의 기준으로 안전점검을 받는다면 출입금지 딱지가 붙을 만한 그 허름한 공간에서, 우리는 우리의 필요와 놀이적 상상력에 따라 그 공간을 마음껏 누렸던 것 같습니다.

그리고 놀이 시 사용하게 되는 신체부위는 어땠나요? 놀이를 할 때는 '온몸을 다 사용해서 숨이 턱에 차도록, 사용하지 않던 근육을 최대한 사용하며' 놀이했습니다. 생각해 보세요. 구슬놀이나 딱지치기와 같은 놀이를 하더라도 옷이 더러워지는 것은 생각도 하지 않고, 이기기 위해 땅바닥에 납작 엎드리거나 팔다리를 꼬아서 모습이 우스워지든 말든 아랑곳하지 않은 채 자세를 잡았던 기억이 있지 않으세요? 발목부터 시작해서 머리 위까지 점점 수위가 높아지는 고무줄 놀이를 하기 위해 가랑이가 찢어져라 다리를 세워 들었던 기억도 있으실 겁니다. 또 그 고무줄을 끊고 도망가는 짓궂은 친구를 잡기 위해 헉헉거리며 뛰어다녔던 기억까지도 말입니다. 그렇게 오후 내내 땅바닥을 벗 삼아 뛰어다니다 저녁에 집으로 가면, 꼬질꼬질 지

저분한 모습에 "까마귀가 형님~ 하겠다."라는 어머니의 핀잔 섞인 인사를
듣게 되곤 했지요. 뿐일까요, 대충 씻고 저녁상 앞에 앉으면 그제야 체력에
넘치게 놀았던 것에 대해 몸이 마구 신호를 보냅니다. 그러니 어쩌겠어요.
밥을 먹다 말고, 입에 밥을 물고 깜빡 꿈나라로 갈 정도로 온몸의 에너지를
다 소진하며 — 시쳇말로 '하얗게 불태우며'라고 하지요?— 놀았습니다.
에너지를 이렇게 모두 쏟아 붓는 것은 참 건강하고 멋진 경험인 것 같습니
다. 완전하게 다 비워 내야 다시 온전하게 채울 수 있을 테니까요. 이것이
오늘날 뜨거운 관심을 받고 있는 '몰입(flow)'의 경험일 것입니다.

  놀이 시간은 또 어떻게요. 동네 아이들의 하교시간에 따라 저학년부터
꼬물꼬물 놀이를 시작하고 있으면, 늦게 하교한 고학년이 합류하면서 놀이
의 판이 더 커지는 것이 일반적이었지요. 그중에는 학교 숙제를 먼저 하고
나온 착실한 아이들도 있었지만, 대부분은 하교하는 길에 책가방만 마루에
던져 두고 온 아이들, 하교하다 말고 노느라 담벼락 아래 가방을 버려 두다
시피 던져 놓은 아이들도 많았습니다. 중간에 엄마 심부름 등으로 일찍 들
어가는 아이들도 있었지만, 대부분은 가로등도 없는 그 공간이 어둑어둑해
져서 놀이가 안 될 정도로 늦은 시간까지 밖에서 놀았습니다. 해가 길어 놀
기 좋은 여름철에는 좀처럼 놀이가 끝나지 않아 저녁상을 다 차리고 아이
를 찾으러 나온 가족들이 아이들을 억지로 데리고 들어가야지만 그날의 놀
이가 끝나기도 했습니다. 이때 아이를 데리러 나온 형제자매까지 놀이에
합류하여 함흥차사가 된 아이들을 찾으러 부모님들이 직접 나오시기도 했
지요. 그리곤 순순하게 놀이를 접지 않는 자녀와의 실랑이가 진풍경처럼
펼쳐지곤 했습니다. 그러게요, 정말 놀고 또 놀아도 왜 놀이 시간은 늘 부

족하기만 했는지요.

놀잇감은 또 어땠습니까? 그 시절 우리가 놀이할 때 사용했던 것은 돌, 나뭇가지, 산과 들에서 주울 수 있는 열매나 풀잎이 대부분이었습니다. 속이 들여다보이는 유리구슬, 종이딱지, 고무줄 등과 같이 구입해 사용한 것들도 있긴 있었네요. 그러나 초등학교 앞 허름한 문구점에서 팔던 동그란 종이딱지를 살 형편이 안 되는 친구들이 대부분이었기에 폐지를 접어 만든 딱지가 더 많았고, 수도 없이 끊어진 고무줄을 얼기설기 매듭으로 엮어 너덜너덜해진 것을 사용하곤 했습니다. 그래서 아쉬웠냐고요? 글쎄요. 적어도 저는 전혀 아쉽지 않았습니다. 오히려 특별한 놀잇감 없이 주변의 일상물이나 자연물을 가지고 와서 할 수 있는 놀이, 몸을 이용한 놀이가 대부분이었기 때문에 놀잇감이 없어서, 또는 놀잇감이 부족하거나 파손되어서 놀이를 못하는 상황은 없었으니까요. 그나마 소품이 많이 필요한 소꿉놀이의 경우도 빨간 꽃잎을 찧어 고춧가루라고 하고, 넓적한 돌멩이를 접시라고 하며,

나뭇가지를 꺾어 두 개를 나란히 놓고 젓가락이라고 하며 놀았지요. 그나마도 없으면 있다고 치고 놀았으니, 그야말로 우리의 필요를 상상으로 모두충족할 수 있는 마법과 같은 놀이 맥락 안에서 참 충만했던 것 같습니다. 이처럼 물건이나 외부 여건으로 제약을 당하지 않는 상황이었기에, 놀이는 마음만 맞으면 언제든, 누구와도 할 수 있는 그야말로 '우리가 온전히 통제할수 있는 우리의 것'으로 누리고 즐길 수 있었습니다.

　놀이의 맥락도 참 남달랐던 것 같습니다. 최소한 짝 놀이에서부터 시작해 대부분의 놀이는 대집단 활동이었습니다. 즉, 자연스럽게 어울려서 함께 놀이를 해야만 했습니다. 그리고 편을 나누어서 하는 형태가 많았지요. 손을 동시에 앞으로 내밀어 손등이나 손바닥 중 어느 쪽이 위로 향하게 냈는지에 따라 편을 나누기도 했고, 또 각 팀의 리더 격인 아이가 한 친구씩뽑아 가기도 했습니다. 처음 몇 명은 유능하고 마음에 드는 친구로 고르기마련이라 이 과정에서 마음이 상하는 아이들도 더러 생기기도 했습니다. 하지만 저마다 유능감을 드러내는 놀이가 다 따로 있었고, 편을 짜는 주도권도 돌아가기 마련이었지요. 또 누군가가 독재하거나 장기집권하게 되면그 반발 역시 결국에는 한동네에 살며 겪어 내야 했습니다. 때로는 놀이 자체보다도 편을 나누는 방법의 공정성이나 놀이 규칙에 대해 논쟁하는 시간이 더 긴 날들도 있었지요. 이런 과정에서 놀이가 때로는 싸움구경으로, 또때로는 훌륭한 토론의 장이자 사회적 기술을 익힐 수 있는 장으로써 역할을 하기도 했습니다.

　뿐일까요? 우리의 놀이문화에는 독특한 것이 있었습니다. 바로 '약자에 대한 배려'의 맥락입니다. 예를 들면, 말뚝박기는 위에 올라타는 쪽이든 아래에서 받치는 쪽이든 덩치가 크고 튼튼한 친구들에게 유리한 놀이인데, 체력적으로 가장 약한 친구에게는 벽에 기대서서 가위바위보를 하는 가장 고상한 역할을 기꺼이 내주었다는 것이지요. 이 친구는 건장한 친구들이 상대편에게 자신의 등판을 넉넉하게 내어 줄 때, 벽에 서서 가위바위보만 하면 되니 체력적인 어려움에서는 해방될 수 있었을 것입니다. 하지만 이 경우에도 가위바위보에서 졌다고 해서 이 친구를 다음에는 빼 버리자고 하거나, 왜 매번 편한 역할만 하냐며 타박하는 친구는 없었습니다. 오히려 등 위로 묵직하게 올라타는 친구의 무게를 감당하거나 또는 무게를 감당하지 못해 나동그라지고 다시 처음부터 시작하는 그 과정 자체를 하나의 완성된 놀이로써 즐겼던 우리였습니다.

이런 약자에 대한 배려의 맥락을 대표하는 것으로 '깍두기'라는 역할이 있었지요. 지역마다 부르는 명칭은 다를 수 있지만, 편 게임을 할 때 인원 수가 홀수라서 짝이 맞지 않으면 마지막 친구에게 양쪽 팀에서 다 놀이를 할 수 있는 권한을 부여하는 것입니다. 보통은 깍두기를 하는 친구들은 해당 놀이에 사용되는 기술이나 규칙에 익숙하지 않거나, 나이가 어리거나, 컨디션이 좋지 않은 친구들로, 이 팀에서도 놀이를 하고, 저 팀에서도 놀이를 할 수 있도록 해 주는 것입니다. 그래서 사실 따지고 보면, 깍두기인 친구들은 술래가 되거나 받쳐 주는 팀의 역할을 하지 않고, 온전히 놀이만 하는 파격적인 특권을 부여받는 셈이지요. 얼마나 아름다운 배려인지요. 그리고 이렇게 함으로써 누구도 배제되지 않는 안전한 공동체 문화를 확인하게 될 뿐 아니라, 언젠가는 친구들과 어깨를 나란히 하는 능력자가 될 수 있도록 부족한 부분을 충분하게 연습할 수 있는 기회를 갖도록 할 수 있었습니다. 참 지혜롭고도 아름다운 놀이의 맥락이 아닐까 싶습니다.

   결과적으로 이런 놀이의 맥락을 통해 우리는 부버가 이야기하는 '나와 너'의 관계를 내면화할 수 있었습니다. '네가 있으니 내가 있고, 내가 있으니 네가 있다.'는 공평하고 아름다운 공존의 관계입니다. '네가 키도 크고 힘이 세니까, 그 놀이에 유능하니까'라는 이유로 친구를 고르거나 함께하는 것과 같은 목적적으로 관계를 맺은 것이 아니라 '너와 나, 우리'라는 존재 자체, 그 하나로 서로를 인정하고 받아들이는 이런 관계를 놀이를 통해 경험했던 것이지요. 이런 놀이 맥락을 경험하면서 자라난 사람은 성인이 된 이후에도 '너와 나'의 관계를 삶 속에서 찾고, 만들고, 유지하기 위해 애쓰는 아름다운 어른—다른 말로는 나잇값을 하는 사람—이 되는 것이지요.

그래서였을까요? 다이앤(Diane Ackerman)은 '놀이는 우리의 뇌가 가장 좋아하는 배움의 방식이다(Play is our brain's favorite way of learning).'라고 하며 놀이의 중요성에 대해 강조하고 또 강조했던 것 같습니다. 앞서 살펴본 바와 같이 우리는 유아기의 놀이 경험을 통해 세상과 자기 자신 그리고 사람과의 관계에 대해 진실되게 배우고, 또 이를 아름답게 가꿔 갈 수 있는 동력을 마음에 장착하게 되었습니다. 그렇다면 미래를 짊어지고 나아갈 우리의 다음 세대인 아이들의 놀이는 어떨까요? 요즘 아이들은 놀이를 통해 무엇을 내면화하고 있는지 궁금해집니다.

요즘 아이들의 놀이에는 어떤 것들이 있을까요? 사실 제가 요즘 놀이하는 아이가 아니어서 과거의 놀이경험처럼 자세하게 쓰는 것에는 한계가 있습니다. 하지만 이런 한계를 감안하더라도, 요즘 아이들의 놀이는 과거에 비해 매우 다른 양상을 보이는 것 같습니다. 요즘 아이들의 놀이 하면 휴대전화나 태블릿PC, 게임기를 가지고 게임을 하는 아이의 모습이 가장 먼저 떠오릅니다. 그리고 정규채널이나 케이블방송을 통해 프로그램을 시청하는 아이들의 모습도 떠오릅니다. 더 생각해 보면, 놀이터에서 놀이기구를 타거나 유치원이나 어린이집, 키즈카페 등에서 놀잇감을 가지고 노는 모습도 떠오릅니다. 요즘 아이들의 놀이도 함께 살펴볼까요?

우선 놀이 장소는 실내가 대부분을 차지하는 것 같습니다. 놀이의 장소가 실외에서 실내로 옮겨진 것은 요즘 사회적 문제가 되는 미세먼지, 자외선, 중금속 등과 같이 아이들이 밖에서 놀이하기 어려운 강력한 이유가 실존하기 이전에도 그랬던 것 같습니다. 그 와중에도 실외에서 놀이하는 아

이들은 유아교육기관에 있는 놀이터나 아파트나 동네 곳곳에 조성되어 있는 놀이터로 국한됩니다. 이들 놀이터는 조금씩 다르기는 하지만, 안전기준을 통과한 고가의 놀이 시설물과 모래 놀이터가 있는 등 매우 유사한 형태를 하고 있습니다. 이곳에서 아이들은 그네, 미끄럼틀, 시소를 타기도 하며 모래놀이도 하지요. 또 몇몇이 둘러앉아 문구점이나 완구점에서 판매하는 완제품인 팽이 돌리기 시합을 하거나 카드게임을 하기도 합니다. 하지만 산이나 들 혹은 골목길과 같이 미개척지를 찾아 밖에서 놀이하는 아이들을 찾아보기는 어렵습니다. 사회가 달라졌기 때문에 어쩌면 이제는 아이들에게 미개척지를 탐험하는 것은 불가능한, 허용될 수 없는 일이 되어 버린 것 같기도 합니다.

요즘 아이들은 이런 놀이를 하면서 신체의 어느 부위를 주로 사용할까요? 아마 머리와 눈, 손 정도가 아닐까 싶습니다. 실제로 이마나 등에 땀이 배어 날 정도의 신체활동은 할 기회가 별로 없는 것 같습니다. 뛰어서는 안 되니까요. 시끄럽게 하면 안 되니까 이동할 때는 줄을 맞춰 걸어야 하고, 바르고 예쁘게 앉아서 선생님 말씀을 잘 듣는 아이가 되어야 하니까요. 대근육 활동도 물론 하지요. 하지만 어른들이 제한해 둔 틀 안에서 하고 있습니다. 유아교육기관에서 체육선생님이나 담임 선생님과 하지만 이 또한 규칙을 지키면서 해야 합니다. 귀가해서는 태권도나 수영을 하기도 하지만 지도하시는 분의 안내에 따라 수동적으로 해야 하는 신체활동들이 대부분입니다. 놀이터에서의 상황도 다르지 않습니다. 조심해야 할 것이 많고 지켜야 할 규칙이 많습니다. 높은 곳에 올라가거나 위험하게 행동해서도 안 되고, 모래 놀이를 할 때는 주변의 친구들도 신경 써야 합니다. 자신의 한계를 조금 시험해 보고자 하는 친구가 있으면, 놀이터 주변의 벤치에 앉아 지켜보던 보호자의 제지를 받게 됩니다. 그러니 안전점검을 통과한 그 안전하고 아름다운 공간에서 아이들은 안전을 누리지 못하고 안전에 갇혀서 조심하며 놀이하는 시늉만 하는 것 같아 안쓰러운 생각이 드는 것이 사실입니다.

놀이 시간은 또 어떨까요? 아이들의 놀이 시간은 철저하게 분절되어 버렸습니다. 기본적으로 하루 종일 놀고, 방학 내내 놀았던 과거의 아이들에 비해 놀이할 수 있는 시간이 절대적으로 부족합니다. 그나마 주어진 놀이 시간에도 편안하게 마음껏 놀지 못하는 것 같습니다. 조금 놀다 보면 학원으로, 집으로 가야 하는 아이들인지라 가방도 벗지 못하고 조급한 마음으로 잠깐 놀이기구와 인사를 나누듯 몇 번 타다 말고 떠나가기 일쑤입니다. 그야말로 '놀이실종'의 시대라고 할 수 있습니다. 유아교육기관에서의 놀이 시간은 어떨까요? 아이들마다 놀이에 젖어 몰입하게 되는 시간은 차이가 있습니다. 연령이 어릴수록 다양한 놀이 상황에 대해 관찰하는 시간이 필요한 것이 일반적입니다. 아이들이 다양한 놀이에서 방관자나 관찰자의 역할을 하다가 놀이를 선택하고 놀이의 주체가 되는 것에 평균 20여 분의 시간이 필요하다는 연구결과가 있을 정도로 놀이에 빠져들어 제대로 놀기 시작하려면 절대적인 시간이 필요합니다. 유아교육기관에서 다양한 놀이와 유익한 교육활동이 수행되어야 함이 당연하듯, 아이들의 자유놀이시간 역시 당연히 보장되어야 합니다. 온전하게 아이들의 자유의지에 따라 몰입의 경험이 가능한 놀이가 되기 위해서는 최소 2시간 정도의 놀이시간이 확보되어야 합니다. 하지만 우리의 현실은 어떨까요? 단위활동들이 대체로 30분 내외로 분절되어 있습니다. 유치원평가나 지침 등 외부적인 이유 때문에도 자유선택놀이를 1시간 이상 주기 어렵습니다. 이마저도 정리시간까지 이 시간 안에 포함되어 있으니 아이들은 놀 만하면 정리하고, 놀 만하면 이동해야 하는 상황에 놓인 듯 보입니다. 다음의 시 '바둑하자'를 통해서

유치원에서 원동석한테
'바둑하자'고 하면 정리 시간
또 '바둑하자'고 하면
명상의 시간
또 '바둑하자'고 하면
집에 가는 시간
이러니
내가 바둑을 어떻게 하겠어

—바둑하자, 서동진 作

※ 박문희 (2000). 침 튀기지 마세요. 서울: 고슴도치.

보아도 충분한 놀이시간을 갖지 못하는 아이들의 답답한 마음을 잘 헤아릴
수 있습니다.

놀잇감 역시 과거에 비해 참 풍족하고 또 화려해진 것 같습니다. 휴대전
화, 태블릿PC, 게임기 등 고가의 전자미디어는 물론이고, 블록놀이세트나
시리즈로 나오는 기성품도 무척이나 다양하게 있는 것 같습니다. 이들 역
시 공신력 있는 기관의 인증을 거쳐 안전의 측면이나 교육효과의 측면에서
검증을 받은 것들이 대부분입니다. 유아교육기관에서도 교육과정이 바뀌
면 그에 따라서 구비한 놀잇감들이 주제와 사계절에 따라 풍성하게 비치되
어 있습니다. 또 여기에 더해 심미적이고 교육적인 의도로 선생님이 직접
제작한 교구들 역시 요즘 아이들의 놀잇감이 됩니다. 그래서 규칙에 따라
서 사용해야 합니다. 정리를 제대로 해야 다음 친구들도 사용할 수 있습니
다. 영역별로 교구를 섞어서 놀이하는 것은 지양해야 합니다. 실물과 유사
한 놀잇감들이 완비되어 있으니 상상에 기대어 '그렇다고 치고, 있다고 치
고' 하는 노력을 할 필요도 없습니다. 아름답고 풍성해졌지만 왠지 뭔가가
빠진 요리인 듯 섭섭하고 입 안 가득 찜찜한 뒷맛이 개운치가 않습니다.

놀이의 맥락은 어떨까요? 아이들이 놀이를 하면서 사용하는 놀잇감, 만
나는 놀이 친구들에 대해 생각해 보면 맥락을 알기 쉽습니다. 아이들이 즐
겨하는 대부분의 놀이는 승패를 가리는 놀이가 아닌가 싶습니다. 편 게임
을 했을 때 자기편이 지면 이를 받아들이기 어려워서 울거나 힘들어하는
아이들이 점점 많아집니다. 보드게임을 포함한 교구의 경우도 '누가 더 빨
랐는지, 더 많이 모았는지, 더 정확하게 했는지'로 승패를 가리는 것이 대부

분입니다. 때문에 게임의 규칙을 제대로 인지하지 못하는 친구나, 능숙하게 수행하지 못하는 친구들은 설 자리가 없습니다. '너 때문에 졌다.'는 친구들의 눈총이나 '나 때문에 졌다.'는 자기질책이 두려워 지레 포기하거나 긴장하는 아이들이 많아지는 것 같습니다. 아이들마저도 자신이 잘 모르는 것, 못하는 것을 편하게 오픈하지 못하고 감추거나 외면하게 되는 것 같아 안타깝습니다. 서로 솔직하게 자신의 상태를 공개하고 격려받고·지원받을 수 있는 안전한 놀이공동체가 없다는 것이 말입니다.

　또 사용하는 놀잇감과의 관계에서도 시사하는 바가 있습니다. 놀잇감의 외형이나 그 사용방법이 매우 명확하게 규정되어 있어 그 쓰임에 대해서만 기능한다고 생각하게 되는 것 같습니다. 자연스럽게 애착을 형성하는 것에서도 다를 수밖에 없지요. 필요에 의해서 사용하고 그 쓰임이 다하면 자연스럽게 폐기하는 관계, 유목적적인 관계인 '나와 그것'의 관계에 충실한 맥락입니다. 즉, '필요가 있고 쓸모가 있으니 관계를 형성하지만 그 필요와 쓸모가 다하면 자연스럽게 끝나는 관계'인 것이지요. 다소 비약적인 부분이 있을 수는 있지만, 과거의 아이들이 놀이를 통해 세상과 또 사람과 '나와너'의 상호적인 관계를 내면화했다면, 오늘날 아이들은 놀이를 통해 '나와그것'의 수단과 도구적 관계를 내면화한다고 정리할 수 있습니다.

　그래서 이제는 정말 제대로, 충분하게, 건강하게, 신나게 놀이하는 아이들이 많아졌으면 좋겠다는 생각을 하게 됩니다. 아이들에게 다시 놀이를돌려줘야 하는 일에 뭔가 역할을 해야 한다는 사명감도 느끼게 됩니다. 제대로 놀아야 합니다. 건강하게 놀아야 합니다. 실컷 놀아야 합니다. 아이도어른도 그렇게 놀아야 합니다. 그래야 평생토록 제대로 놀 줄 아는 어른이될 것이고, 그래야 이 세상이 정말 살맛 나는 진지하고도 신나는 세상이 될테니까요. 놀잇감을 가지고 놀이터에 있어도 놀고 있는 것이 아닌 아이가있을 수 있고, 책상에 앉아 책을 읽고 글씨를 쓰면서도 이것이 신나는 놀이인 아이가 있을 수 있습니다. 어른도 다르지 않습니다. 주말마다 맛집으로, 명소로 여행을 다니지만 이것이 놀이가 아닌 일이 되어 버린 어른도 있을 수 있고, 직장에서 야근을 하면서도 그 일이 신나는 놀이가 되는 어른이있기도 합니다. 겉으로만 봐서는 그 사람이 지금 놀이를 하는 것인지, 일을하는 것인지 알 수 없다는 것이지요. 참고로 저는 이 원고를 쓰는 지금 너무너무 의미 있고 재미있게 놀이하고 있는 중입니다. 때문에 앞으로도 열심히 연구하고 글을 쓰고 강의를 하는 신나는 '놀이'를 계속할 수 있을 것같습니다. 이 과정을 통해 조금씩이지만 어제보다는 나은 오늘, 더 나은 내일을 기대할 수 있는 것 같습니다. 우리의 삶은 생각보다 깁니다. 어린 시절 제대로 노는 법을 경험한 아이들은 긴 인생의 여정에서 놀이하듯 전공과 직업을 선택하고 그 길을 끝까지 즐기며 걸어갈 수 있을 것입니다. 아이들과 어른들 모두가 건강한 놀이를 하는 사람으로 살아갈 수 있도록 돕기 위해서는 무엇보다 놀이가 무엇인지 제대로 아는 것이 우선 되어야겠습니다. 정말 놀이는 무엇일까요?

학자들마다 놀이의 특성에 대해 다양하게 정의하고 있습니다. 이들의 내용을 정리하면 '내적 동기화, 과정중시, 비사실적 행동, 적극적 참여, 긍정적 정서, 외적 규칙으로부터의 자유, 자유로운 선택, 유연성' 등 다양합니다. 이들의 내용을 정리하여 핵심단어들을 도출해 보았습니다. 이들의 내용은 다소 억지스러운 부분이 없지 않지만, 다음의 그림과 같이 'P, L, A, Y'의 틀로 재구성하였습니다.

즉, 놀이(PLAY)가 일이나 공부, 탐색활동 등 여타의 다른 활동과 구별되는 특별한 특성은, 첫째, 결과가 아닌 '과정(Process)'을 중시한다는 것입니다. 둘째, 놀이는 외부 규칙으로부터는 '자유로운 선택(Liberty)'이며, 때문에 자연스럽게 적극성(Activeness)을 갖게 되며, 필연적으로 내적으로 동기화된, 즉 자발적인(Spontaneity) 활동이라는 총 네 가지의 특성으로 설명할 수 있습니다.

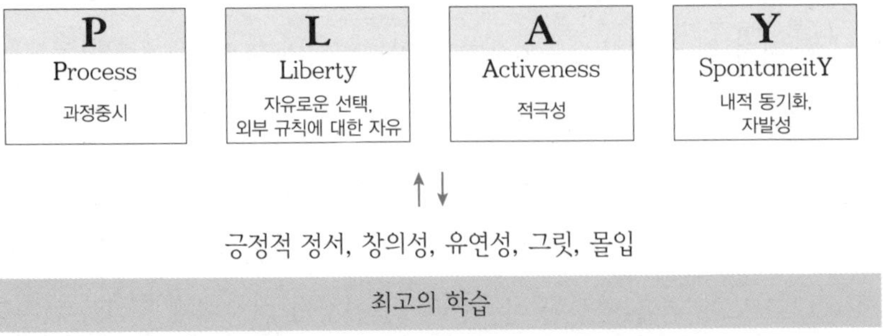

P	**L**	**A**	**Y**
Process	Liberty	Activeness	SpontaneitY
과정중시	자유로운 선택, 외부 규칙에 대한 자유	적극성	내적 동기화, 자발성

↑↓

긍정적 정서, 창의성, 유연성, 그릿, 몰입

최고의 학습

이러한 특성에 따른 놀이는 놀이자에게 긍정적인 정서, 다양하게 생각해 보고 시도하게 하는 창의성과 유연성, 끝까지 해내는 근성인 그릿(Grit), 그리고 몰입(Flow)의 경험을 자연스럽게 선사하게 됩니다. 또한 이러한 전 과정은 궁극적으로 아이들이 세상과 사람에 대해 가장 효과적이고 행복하게 배워 나가는 최상의 학습의 기회로 작용하게 된다고 할 수 있겠지요.

다음에서는 이들 놀이의 특성에 대해 하나씩 소개하려고 합니다. 그리고 그 놀이의 특성에 대한 예시가 될 수 있는 사랑유치원에서의 놀이 사례도 함께 제시하려고 합니다. 물론 하나의 활동에도 앞의 네 가지 놀이 특성이 다 포함되어 있어 그 경계가 모호한 부분이 있는 것도 사실이고, 아이들의 활력 넘치는 목소리와 표정 그리고 선생님과 주고받는 생동감이 글이나 사진으로는 온전하게 전달되지 않는다는 한계가 있지만 말입니다. 이런 저런 한계에도 불구하고 놀이의 네 가지 특성에 대한 정리와 그에 적합한 놀이 중심의 교육활동의 사례를 최대한 현장감을 살려 정리해 보았습니다. 이를 통해 놀이의 특성과 놀이중심의 교육과정 운영에 대한 이해에 도움이 되었으면 좋겠습니다.

Process: 과정중심

　놀이의 첫 번째 특성은 '과정중심(process orientation)'입니다. 결과인 product보다는 한 걸음 한 걸음 걸어가는 그 전체의 과정인 process를 더 의미 있게 생각하는 것이지요. 그래서 아이들의 놀이를 관찰하다 보면 재미있는 장면을 보게 되곤 합니다. 두 아이가 마주 앉아서 블록을 하나씩 바닥에서부터 쌓아 올리고 있습니다. 한 칸 한 칸 블록의 키가 높아질수록 긴장감도 팽팽하게 높아집니다. 혹여 조금이라도 기울어져서 휘청거리기라도 하면 쓰러질까 싶어 바짝 들어앉아서 조심조심 블록을 쌓아 올립니다. 한 칸 더 올리기 위해 손에 쥔 블록을 가장 위에 올려놓는 순간 중심을 잃고 결국에는 탑이 와르르 무너져 버립니다. 그 순간 아이들은 어떻게 했을까요? 공든 탑이 무너져 내렸으니 속상해했을까요? 아니면 '네 탓이냐, 내 탓이냐' 따지고 들었을까요? 아니요, 아이들은 서로 마주 보며 까르륵 웃습니다. 너무나 환하게, 기쁘게 손바닥을 치며 신이 납니다. 그렇게 후련하게 웃고는 이내 다시 쌓기 놀이를 시작합니다. 시쳇말로 참 쿨~합니다.

보통은 공들여서 한 일이 무산되거나 계획대로 되지 않으면 몹시 실망하고 속상해하는 것이 인지상정인데, 저렇게 실패 앞에 함박웃음을 짓는 아이들의 모습이 처음에는 참 생경했습니다. 그래서 '혹시 처음부터 쌓는 것이 목적이 아니고, 무너뜨리는 것이 목적이었을까?' 하고 생각해 보기도 했습니다. 하지만 무너질세라 조심조심 쌓아 올릴 때의 그 진지함을 생각해 보면 그도 아닌 것 같습니다. 그저 아이들은 그렇게 블록을 하나씩 쌓아서 올리는 그 자체에 집중했고, 쌓는 그 순간으로 충분했던 것 같습니다. 그러니 그것이 무너지더라도 별 문제가 아니지요. 또 무너졌더라도 다시 쌓으면 되는 거지요. 정말 간단하고 쉽습니다. 만약 가장 높은 탑을 만들겠다는 목적으로 블록들을 쌓아 올렸다면, 쌓는 과정을 그 자체로 누리지 못했을 것입니다.

그래서 "잘했다. 최고야. 성적이 올랐구나."와 같은 결과에 대해 인정하는 '칭찬(praise)'은 오히려 자기효능감과 자아존중감에 부정적인 영향을 주지만, "빨간 색을 많이 사용해서 그랬구나, 끝까지 열심히 하는구나."와 같이 과정 자체에 대해 인정해 주는 '격려(encouragement)'는 자기효능감과 자아존중감에 도움이 된다고 하는 것입니다. 그래서 조지 애덤스(George. M. Adams)는 '격려는 영혼의 산소'라고 했습니다. 하지만 요즘 사회에서는 "열심히 하는 것보다는 잘해야 한다."라는 주문을 한다고 들었습니다. 물론 전문적인 어떤 분야나 집단에서는 당연한 이야기일 것입니다. 하지만 그럼에도 불구하고 우리에게도 그리고 아이들에게도 여전히 잘하는 것보다는 열심히 하는 것이 더 중요한 가치이고 시선을 고정해야 할 가치라고 생각합니다.

이제 이 '과정중심'을 우리의 일상으로 들여와 보려고 합니다. 우리는 저마다 맡겨진, 혹은 선택한 일들을 하고 있습니다. 학생은 공부를, 사회인은 직무를 수행합니다. 도서관에서, 학교에서, 가게에서, 가정에서, 회사에서, 거리에서…… 저마다의 자리에서 하고 있는 그 일을 우리는 그 자체로 의미 있게 생각하고 온전하게 누리고 있나요? 그 시간이, 그 행위가, 함께하는 그 사람들이 그 자체만으로 충분한 그런 일상을 살고 있으신가요? 만약 그렇다면 기대만큼 성적이 안 나오더라도, 수익이 나지 않더라도, 다른 사람들이 나를 알아주지 않더라도 좌절하고 속상해할 이유가 없을 겁니다. 그 과정 자체로, 그 존재 자체로 충분한 것이니 말입니다.

그리고 과정에 집중해서 한 땀 한 땀 정직하게 수행한 일은 결과로도 정직하게 응답하는 것이 일반적이지 않을까요? 과정이 좋으면 결과도 좋다는 것이지요. 이와 관련해서 어린 시절의 기억이 떠오릅니다. 어느 날 할머니께서 잔뜩 헝클어진 실타래를 건네며 풀어 보라고 하셨습니다. 흔히 옷을 바느질할 때 사용하는 얇은 실이었는데, 그냥 보기에도 어디서 손을 대야 할지 대책이 안 설 정도로 심하게 헝클어져 있었습니다. "이거 안 될 거 같아요." 하고 말씀드렸더니 "아니다, 풀 수 있는 거야. 꼭 풀어 봐. 찬찬하게 풀면 풀린다." 하며 억지로 맡기다시피 하셔서 앞에 쪼그려 앉아 한참을 실과 씨름을 했습니다. '반드시 풀린다.'는 할머니의 말을 믿고 조금씩 풀어 보았지요. 그렇게 한 매듭씩 풀어지니 은근 재미도 있었습니다. 그렇게 시간 가는 줄 모르고 풀어 나가는데 할머니께서 "찬찬하게 하니 시집은 잘 가겠다." 하셨습니다.

이렇게나 진지하게 재미를 붙여 하고 있었는데, 고작 시집 운운하시는 할머니가 야속한 마음이 들 정도로 엉킨 실의 매듭을 찾아 하나씩 풀어 가는 그 작업은 재미있었습니다. 할머니의 설명에 따르면, 옛날에는 좋은 집안에서 며느리감을 뽑을 때 후보자들에게 이런 과제를 주고 어떻게 하는지를 보았다고 합니다. 지루하고 풀기 어려운 과제에 대해서 어떻게 접근하는지를 보면 그 사람의 기본 품성을 알 수 있고, 어려움에 처했을 때의 해결 방법도 예측할 수 있고, 무엇보다 일을 하면서 재미를 찾는지 괴로움을 찾는지를 알 수 있다고 설명해 주셨습니다. 어린 마음이었지만 나름 타당하다는 생각이 들어서였을까요? 아니면 좋은 집으로 시집갈 정도의 소양이 있다는 칭찬이 좋아서였을까요? 정확한 이유는 알 수 없지만, 지금까지도 꽤나 선명하게 기억에 남아 있습니다.

만약 할머니가 "시집을 잘 가고 싶으면, 이 헝클어진 실을 풀어라."고 하셨으면 아마 저는 아무 의미 없어 보이는 실 풀기 따위는 하지 않았을 것 같습니다. 하지만 그저 한 매듭 한 매듭 풀어 나가며 성취감을 느꼈고, 그렇게 과정 자체에서 즐거움을 찾았기에 지금도 헝클어진 실을 보거나 또 정말 대책이 없을 것 같이 꼬이고 복잡한 일을 접하면 묘한 도전의식을 느끼면서 그 앞에 쪼그려 앉아 골몰하게 되는 저 자신을 발견하게 됩니다. '한 번 해 보자, 끝까지 하는 사람이 잘하는 사람이니까.' 하면서 말입니다. 여기서의 '끝'은 달성해야 하는 '목적'이 아닙니다. 한 걸음, 한 매듭, 한 단계가 모여서 만들어진 '연속된 과정의 일단락'을 의미하는 것이지요. 모든 일이 그렇지 않을까요? '좋은 대학 가려면 공부해라, 좋은 직장 가지려면 스펙을 쌓아라, 사람들에게 인정받으려면 인사를 잘해라……' 등등 우리는 본질을 수단으로 격하해서 바꿔치기하는 못된 습성이 있는 듯도 합니다. 그저 즐겁게 배우다 보니 결과적으로 공부를 잘하게 되고, 다양한 일에 관심을 갖고 탐색하다 보니 스펙을 쌓게 되고, 반가운 마음으로 인사를 하다 보니 인정을 받게 되는 것이 사실은 질서가 맞는 것이겠지요.

또한 특정한 목적을 달성해야 한다는 압력이 없을 때 우리는 자유롭게 그 과제에 오롯이 집중할 수 있게 됩니다. 그러면서 과정 자체를 즐기게 되고 실패에 대한 어떤 두려움도 없이 다양한 시도를 하게 됩니다. 이를 학자들은 유연성(flexibility)이라고도 표현합니다. 유연성이란 탐색, 실험, 호기심과 같은 의미를 포함합니다. 그리고 그 결과에 대해서도 매우 포용적이고 유연합니다. 어떤 것이든 다 수용할 수 있으니 말입니다. 이런 특성을 우리는 '자연(自然)스럽다'라고도 표현합니다. 누구에게 인정받기 위해 인사를 하고, 대학을 가기 위해 공부를 하고, 옆 사람을 의식하며 사는 것은 부자연(不自然)스럽고 불편(不便)한 일인 것이지요.

그러게요. 스스로 저절로 그렇게 되는 자연(自然)은 참 유연합니다. 앙상한 나뭇가지에서 새 잎이 돋고, 그 잎이 푸르러지고, 다시 색색으로 물들고, 다시 또 앙상한 나뭇가지만 남기는…… 어쩌면 그렇게 잊지도 않고, 늦지도 않고 정확한지요. 옆의 나무보다 더 푸르러지려고도, 다른 나뭇잎보다 더 붙어서 남아 있으려고도 하지 않습니다. 오고 또 가고, 싱그럽게 피어나고 또 건조하게 사그라지고…… 그 어떤 것에도 연연해하지 않습니다. 그저 이 모든 것을 선선하게 보내고 또 맞이하는 일이 늘 반복되지만 그 이상으로 그 한결같음이 또 늘 새롭습니다. 장석주의 시 「대추 한 알」에서도 한 알의 대추 안에도 태풍과 번개, 벼락이 몇 개 있어서 대추가 붉어진다고 했듯, 그렇게 작은 것 하나하나 모두가 그때에 맞는 변화와 과정을 다 겪어 낸 결과물일 것입니다.

이러한 일련의 과정과 유연함을 찾아볼 수 있는 놀이의 실제로, '매화꽃이 매실액이 되기까지, 얘들아! 봄나물 캐러 가자!' 활동을 소개하려고 합니다. '매화꽃이 매실액이 되기까지' 활동은 말 그대로 봄날의 매화꽃에서 매실 열매로, 또 그 열매로 매실액을 담는 오랜 기간에 걸친 기록입니다. 앞에서 말씀드린 자연의 과정들 그리고 아이들 역시 과정 그 자체로 만나고 경험하고 있습니다. 이 활동을 통해 '과정중심'이라는 놀이의 특성을 '봄여름 가을 겨울, 과정 그 자체인 자연'의 힘으로 확인할 수 있을 것입니다. '얘들아! 봄나물 캐러 가자!' 활동을 통해서는 아이들이 쑥을 비벼 보고, 찧어 보는 과정 그리고 진달래꽃으로 화전을 굽기 위해 온 교실이 가루로 범벅이 되도록 마음껏 탐색하는 이 향긋하고 고소한 과정을 함께하고 싶어 소개합니다. 한 걸음 한 걸음, 한 땀 한 땀, 아이들의 귀한 여정을 따라가면서 그 자체로 이미 충만한 자연의 섭리와 놀이의 과정을 함께 경험해 보시길 바랍니다.

활동사례 1. 봄, 여름, 가을, 겨울…… 과정 그 자체인 자연

매화꽃이 매실액이 되기까지

　이른 봄, 아이들은 매화나무에서 꽃눈이 나올 때부터 언제 꽃이 피게 될지 궁금해하며 운동장 나올 때마다 들락거리더니…… 매화꽃이 활짝 피어 향기를 맡으며 매화나무 아래에서 놀이를 한다. 바람이 불 때 날아가 버릴

까 싶어 꽃잎을 두 손으로 꼭 쥐어 보는 모습도 보인다. 어쩌다 손을 펴서 바람에 날아가는 꽃잎을 따라 뛰어다니거나 부지런히 하나씩 주워 온 꽃잎을 천 위에 두고 흔들어 꽃잎이 움직이는 모습을 보며 놀이를 한다.

> 남희: 천을 이렇게 당겨 봐 꽃잎들이 펴지게.
> (남희 이야기에 아이들은 천을 팽팽하게 당겨 본다. 한쪽으로 천이 기울어져 꽃잎이 한
> 쪽으로 모이게 되자)
> 민솔: 아까처럼 어서 천을 더 많이 잡아당겨 봐.

아이들은 꽃잎이 담겨진 천을 당기기도 하고 놓기도 하며 꽃잎을 떨어뜨리지 않으려고 서로 의견을 나누며 방법을 생각해 본다. 그러다 갑자기 불어온 봄바람이 꽃잎을 한꺼번에 날려 보낸다. 아이들은 천을 놔두고 꽃잎을 잡으러 모두 뛰어다니다가 꽃잎 몇 장씩을 주워 와 천에 올려 두고 다시 놀이를 시작한다.

위아래로 천을 흔들어 보더니,

> 민경: (위아래로 천을 흔들어 보며) 나비가 춤추는 것 같다.
> 채린: 언니야 흰나비 같지?

매화꽃잎 몇 장이 아이들의 한나절 놀이가 된다.

유치원 뜰에서 놀이하다 교실에 들어온 친구들이 어느새 매화꽃 가지와 떨어진 동백꽃잎을 주워 와 교실에 놓고 보자고 한다.

> 남희: 선생님, 매화꽃 냄새가 좋아서 가지고 왔어요. 물에다 꽂아 두면 계속 우
>   리랑 있을 수 있지요?
> 민경: 남희 언니야, 꽃은 오래 있으면 시든다.
> 나: 남희와 민경이는 그렇게 생각하니? 선생님도 궁금해. 우리 함께 살펴볼까?

아이들의 생각대로 매화 꽃가지를 물에 꽂아 두고 동백꽃도 물에 담가 두었다. 매화꽃과 동백꽃을 비교해 본다. 냄새도 맡아 보고 색깔, 꽃잎 모양, 가지에 달려 있는 모습 등을 비교해 본다.

> 민솔: 매화꽃은 꽃에서 꿀 냄새가 난다. 그래서 벌들이 꽃 속으로 많이 들어갔
>   었나 봐.
> 남희: 나도 봤어. 벌이 들어가는 것을 봤어.

민경: 나도 봤어. 벌들이 꽃 속으로 푹 빠지는 거 같았어.

채린: 꽃 냄새 진짜 꿀 냄새 같다. 매화꽃 냄새!

아이들은 친구들의 말을 듣고 매화꽃과 동백꽃 냄새를 한 번 더 맡아 본다.

남희: 매화꽃은 벚꽃처럼 작다. 매화꽃은 하얗고 동백꽃은 빨갛다. 동백꽃은 크지만 매화꽃은 아주 작다.

민경: 동백꽃은 꽃의 안쪽에 노란색도 보인다.

채린: 매화꽃에는 노란색으로 보이는 아주 조그만 게 있어.

민솔: 꿀벌들이 거기에 있는 꿀을 따가지고 간다.

유치원 뜰에 핀 매화와 동백이 이른 봄을 알려 주는 사량도의 봄날, 아이들과 함께 매화꽃과 동백꽃을 비교해 보고, 매화꽃잎 몇 장을 띄워서 따뜻하게 차를 마시며 매화 향기와 향긋한 봄을 느껴 보았다.

꿀벌들이 이 꽃 저 꽃 부지런히 다니던 이른 봄이 지나 어느새 매화꽃 향기가 사라지고 싹이 돋는가 싶더니…… 잎사귀가 자라 작은 매실이 열렸다. 아이들은 매실 나무 아래서 떨어진 매실을 주워 소꿉놀이를 한다.

매화나무 아래에서는 매일같이 아이들 소리가 들려온다. 오월이 시작되는 즈음 이제 제법 매실 알이 굵어졌다. 아이들이 만져 보더니 '보들보들하고, 까칠한 털이 나 있다.'고 한다.

유월을 맞이하여 토실하게 자란 매실을 따는 날, 아이들과 학교 언니들이 함께 매실을 제법 많이 땄다. 이제 이 매실로 무엇을 할지 아이들과 함께 이야기해 보았다.

따 온 매실 중에서 벌레 먹은 것과 나뭇가지를 골라내고 좋은 것만 골라 담

아 본다. 우리 친구들은 며칠 후에 매실액 담는 모습을 보러 선생님들이 오시면 보여 드리기 위해 매실을 깨끗이 씻어 물이 빠지게 담아 두었다.

우리 유치원에 많은 선생님과 부모님이 오셨다. 매화꽃에서 매실이 열려 매실을 따서 매실액 담는 활동을 보여 드렸다. 매실을 골라 유리병과 장독에 설탕과 함께 넣어 두면 어떻게 될지 아이들과 함께해 보기로 했다.

나: 친구들아!! 매실액을 먹어 본 적이 있니?

채린: 네, 어릴적 밤에 배 아플 때 할머니가 먹여 주어서 배 아픈 게 나았어요.

나: 아, 그랬구나. 어떤 맛이었니?

채린: 달고, 시고 그랬어요.

민솔: 유리병에 담은 매실이 맛이 있을 거 같아요.

남희: 나는 장독에 담은 매실이 향기가 좋을 거 같아요. 우리 집에서도 장독에 담아서 먹어요.

나: 그렇구나. 민솔이는 유리병에 담은 매실, 남희는 장독에 담은 매실이 맛있을 거라고 생각하는구나.

형님들의 생각을 들어 보고 동생들은 각기 자신의 집에서 담아 먹은 매실액에 대한 생각을 얘기한다.

> 동현: 빨리 먹어 보고 싶다.
>
> 민경: 나도 빨리 먹어 보고 싶어, 동현아.
>
> 채린: 그래도 매실에 물이 생기려면 기다려야 된다. 물이 생겨야 약이 된다. 물에 타서 먹으면……
>
> 남희: 우리 엄마도 그렇게 하는데…….
>
> 나: 얘들아! 매실에 언제쯤 물이 생길까?

내 얘기를 듣고, 열 밤만 자면 매실에서 물이 생길 거라고 하는 친구, 백 밤을 자야 물이 생길 거라고 하는 친구, 모두들 생각이 다르다.

> 동현이 할머니: 백 밤 정도 기다리면 맛있게 먹을 수 있을 거야.
>
> 아이들: 와~~ 많이 기다려야 된다.

그날 아이들은 학부모님, 선생님 모두 함께 장독과 유리병에 설탕과 매실을 섞어 가득 담아 놓고 날짜를 기록해 두었다.

매실을 담아 두고 이튿날부터 유치원에 오면 매실부터 살펴본다. 이틀쯤 지났을 때 유치원에 온 남희가 큰 소리로 말을 한다.

남희: 얘들아! 매실에서 물이 나왔어! 이것 봐! 갈색물이 생겼어!

(놀이하던 아이들이 매실 병이 있는 곳으로 모여 든다.)

아이들: 와~~ 매실에서 물이 나왔어.

민솔: 선생님, 설탕을 넣었더니 매실에서 물이 생겼어요.

나: 민솔이는 그렇게 생각하니?

남희: 맞아요. 설탕이 매실에 있는 물을 빼냈어요. 보세요. 장독에 있는 매실에
　　　도 물이 나왔을까요?

채린: 장독에 있는 매실에도 물이 나왔는지 보고 싶어요.

아이들은 장독 속의 매실에도 물이 생겼는지 궁금해하여 함께 뚜껑을 열어 본다. 장독 속에 있는 매실은 물이 생겼는지 잘 보이지가 않는다. 길다란 그릇을 넣어 보자는 아이들의 제안에 따라서 해 본다. 그릇에 담겨져 나

오는 갈색의 매실액을 보며 아이들이 환호성을 지른다.

> 아이들: 장독 속에 있는 매실에서도 물이 생겼다!

유리병과 장독에 담겨진 매실은 그렇게 교실에서 더운 여름을 지냈다. 그동안 아이들은 유리병에 담긴 매실에서 물이 점점 많아지고 색깔이 진해지는 것을 보고, "사랑해" "빨리 맛있는 매실 물이 먹고 싶어!"라고 편지도 써 주고, 안아도 보며 기다림의 시간을 보낸다. 2학기를 맞이하고, 9월 중순경 백 밤이 지났을 무렵 매실을 건져 내고 진한 갈색의 매실액을 맛본다.

> 아이들: 달콤하고, 새콤하고, 달달하다.
> 남희: 유리병 매실하고, 장독 매실하고 맛이 다를 거 같아요.

나는 장독의 매실도 뚜껑을 열고, 향기를 맡아 보게 하였다.

채린: 야 ~~ 다르다. 장독 매실은 향기가 너무 좋아.

아이들: 나도 맡아 보자.

　아이들은 이른 봄에 핀 매화꽃에서 꿀벌과 나비가 모여들더니 작은 매실이 열리고, 기다림의 시간을 지나 사람들에게 이로운 음식이 될 매실액이 만들어지는 과정을 경험한다.

ROCESS

활동사례 2. 한 걸음 한 걸음, 한 땀 한 땀의 그 귀한 여정

얘들아! 봄나물 캐러 가자!

유치원 언덕을 넘어 벚꽃 길을 걸어 봄 바다를 보며 재잘재잘 얘기를 나
누며 나물을 캐러 간다. 언덕을 넘어 대항 마을 입구에 할머니들이 봄나물
을 팔고 계신다.

할머니 1: 유치원 친구들이네!! 오늘 어디 간다고 이렇게 나왔노?

아이들: 나물 캐러 가요.

할머니 2: 나물 캘 줄 아나? 무슨 나물 캘라고?

민경: 쑥도 캐고, 또 냉이도 캐요.

할머니 2: 아이고, 이 알라(아이)는 ○○ 횟집 손녀딸이네, 나물 많이 캐 오너라.

민솔: 할머니 무슨 나물 팔아요?

할머니 2: 시금치랑 봄동 나물하고, 호박도 판다. 선생님도 좀 사 가시소. 오늘
　　　　은 등산객들이 많이 안 와서 그런지 팔리지를 않네 고마~.

나: 나중에 내려올 때 나물 좀 사 갈게요, 할머니.

　주연이네 동네 대항에는 봄나물이 많이 있다. 봄 동산을 돌아보며 어떤
나물들이 있는지 살펴보느라 바쁜 친구들! 쑥도 캐고, 진달래꽃도 꺾으며
한참을 정신없이 논다. 또 잠깐 염소 주인이 염소 먹이려고 놓아둔 물통에
개구리들이 모여 짝짓기도 하고, 헤엄치는 모습을 발견하고는 개구리를 보
느라 봄나물 캐기를 잠시 잊어버린다. 개구리들이 조그만 통에 알을 낳아
둔 것을 보고 아이들은 개구리 알을 교실로 가져가자고 조르기도 한다.

개구리 알에서 올챙이가 태어날 즈음 한 번 더 와서 보자고 달래며, 물이 귀한 산에서 개구리들이 살아남기 위해 물통에다 알을 낳는 지혜에 대해 아이들과 이야기를 나눠도 보았다. 아이들은 봄나물과 진달래꽃으로 바구니를 가득 채우고 봄나물과 쑥으로 쑥떡을 만들고, 진달래는 꽃떡을 만들어 먹자고 하며 신이 났다.

벗나무 아래 자리를 펴고, 바구니에 가득한 봄나물을 펼친다.

아이들: 와! 나물이 너무 많아요. 쑥이 제일로 많다.

나: 여러 종류의 나물을 많이 캤구나. 주연이네 동네는 나물이 정말 많이 있었지?

주연: 우리 엄마도 거기에서 나물을 캐 와서 반찬으로 해 먹어요.

아이들: 우리 동네도 나물 많이 있어요.

남희: 쑥이 아닌 것도 들어 있어서 골라내야 한다.

동현: (쑥이 아닌 나뭇가지가 들어 있는 것을 골라낸다.)

채린: 풀을 나물이라고 넣어 놓았네, 골라내야겠다.

　아이들은 내가 깔아 둔 보자기 위에 나물을 부어 놓고 같은 것끼리 바구니에 모으기를 한다.

민솔: (나물을 골라 담으며) 쑥은 냄새가 지독하다. 약 냄새다!

남희: 맞아, 쑥은 향기가 진짜 지독하다.

동현: (쑥을 손에다 놓고 비벼 본다.) 쑥 비벼 봐, 누나들아!! 냄새가 더 지독해진다.

아이들: (쑥을 손바닥에 놓고 비비면서 얼굴을 찡그리며) 와~~~ 쎄게 비벼 보니까 더 지독해진다. 약 만들면 되겠다. 아플 때 먹는 약!

민경: (손으로 비벼보다가 옆에 있는 돌멩이를 주워 와서 쑥을 찧어 본다.) 이것 봐, 쑥에서 진한 색깔이 나온다.

아이들: 어디 보자. (민경이를 보고 아이들은 돌을 주워 쑥을 찧어 본다.)

　오늘은 나물 캐러 갔다가 따 가지고 온 진달래로 진달래 화전을 만드는 날! 진달래 꽃잎을 깨끗이 씻고 쑥과 쌀가루를 준비한다. 쌀가루를 만지고 싶어 하는 친구들!! 그럴 줄 알고 충분히 탐색할 수 있도록 따로 준비하여 두었

다. 아이들은 무엇이든 손으로 만지고 싶어 한다. 특히 가루 종류는 더욱!

> 아이들: (쌀가루에 물을 부어 반죽하는 걸 보고) 와~ 물을 부으니까 찐득해졌다.
>
> 남희: 손으로 만져 보고 싶다.
>
> 나: (반죽을 조금 준비해 아이들이 동그란 모양으로 만들어 보도록 하였다.) 이렇게 해
> 볼 수도 있단다.
>
> 채린: (반죽을 조금 떼면서) 가루가 보들보들하다. 그리고 손에 붙으려고 한다.
>
> 민경: 나도 그래. 나 이거 엄마랑 집에서 만들어 본 적 있는데 팥죽 만들 때 동
> 그랗고 작게 만들어서 넣었어요.

쌀가루를 마음껏 만져 보도록 하고 반죽을 하고 나니 온 교실이 쌀가루
로 범벅이 되었다. 그래도 괜찮다. 가루를 만진 손으로 얼굴을 만져 얼룩덜
룩해진 얼굴을 서로 바라보며 한참을 웃는다.

그렇게 즐겁게 동그란 떡을 만들고 그 위에 어제 따 온 진달래꽃과 쑥을
얹어 살짝 구워 낸 진달래 화전으로 전교생과 학교 선생님 모두에게 향긋
한 봄 향기를 전해 줄 수 있었다.

Liberty:
자유로운 선택, 외부 규칙으로부터의 자유

놀이의 두 번째 특성은 Liberty, 자유입니다. 놀이와 일을 구분할 수 있는 가장 간단하고도 확실한 방법은 '원할 때 시작할 수 있는가? 원할 때 끝낼 수 있는가?'라고 합니다. 물론 이는 멋대로 해도 된다는 뜻의 방종과는 다른 의미입니다. 하지만 본질적으로 하고 싶을 때 할 수 있고, 하기 싫을 때 안 할 수 있다는 것은 놀이의 본질적인 특성인 '자유로운 선택(free choice)과 외부규칙으로부터의 자유(free from external rules)'인 '자유(Liberty)'를 잘 설명하는 내용이라고 생각합니다.

교육적이고 아름다운 공간에서 최고의 선생님이 최상의 매체를 가지고 놀이를 안내한다고 하더라도 이 '자유'에 대한 개념이 간과되거나 왜곡되어 원할 때 할 수 없고, 하기 싫을 때에라도 해야만 한다면 이는 놀이가 아니라 '일'이 됩니다. 물론 처음에는 하고 싶지 않았지만 하다 보니 재미를 발견하고 자기 동기화가 되어 놀이가 되는 경우도 있습니다. 그리고 '그만할까?' 하고 생각할 때 누군가가 지속하게 해 주어 이 고비를 넘기니 더 재미있는 놀이 상황으로 확장되는 경우도 있습니다.

유아기에 놀이만 해야 하는 것은 물론 아닙니다. 교육도 받아야 하고 훈육도 받아야 하지요. 교육과 훈육을 받으면서 하기 싫어도 하다 보니 이것이 다시 놀이가 되기도 합니다. 이를 '부가적 놀이'라고 할 수 있습니다. 때문에 무엇이 놀이이고, 무엇이 놀이가 아닌가에 대한 고민을 하시기에 앞서 놀이의 본질적 가치에 대해서, 아이들의 자유선택의 권리에 대해서 얼마나 우리가 존중하며 수호해 주고 있는지에 대해 생각해 보았으면 합니다. 그리고 혹시 우리 아이들 놀이의 대부분이 자유선택에 의한 본질적인 놀이가 아닌, 부가적 놀이 상황이 대부분을 차지하는 것은 아닌지 민감하게 살펴볼 필요가 있습니다.

또한 Liberty는 너무 많은 외부 규칙이 작용하는 활동도 놀이가 되기 어렵다는 뜻이기도 합니다. 실제로 이미 놀이에는 꼭 필요한 나름의 규칙이 내재되어 있습니다. 극놀이를 하려면 역할에 맞는 목소리와 행동을 해야 하고, 축구를 하기 위해서도 골대에 공을 넣어야 한다는 등의 기본적인 규칙이 있습니다. 하지만 이런 규칙은 놀이 상황 안에서 자연스럽게 놀이하는 아이들에게 발현되고 전달되는 것이지 외부에서 억지로 덧입혀지는 것은 아닙니다.

그런데 우리 아이들의 놀이 상황을 살펴보면 안전이나 공정성, 기본생활습관 형성 등등 합당한 여러 가지 이유가 놀이판의 지뢰처럼 깔려 있는 것처럼 보입니다. '역할 영역의 교구는 쌓기 영역이나 다른 영역의 교구와 섞지 않아요.' '크레파스, 풀 등 교실에 있는 물건은 바깥 놀이에 가지고 나가지 않아요.' '교실에서는 뛰어다니거나 큰 소리를 치지 않아요.' '음률 영역에는 4명까지만 들어가요.' '모래놀이터에 물을 붓지 않아요.' 등등 함께 놀이를 하기 위해 지켜야 할 규칙이 정말 많습니다.

과연 이 규칙들은 놀이를 돕는 규칙일까요? 아니면 통제와 관리라는 성인의 필요를 위해 존재하는, 참된 놀이를 저해하는 규칙일까요? 규칙이 나쁘다거나 불필요하다는 뜻은 아닙니다. 기본생활습관 형성도 중요합니다. 함께 사용하는 공간과 물건에 대해 다른 사람을 배려하도록 하는 인성교육도 중요합니다. 여러 아이가 좁은 공간에서 활동적으로 놀이하다가 다치는 상황을 미연에 방지하는 것도 중요합니다. 모두 중요하고 또 필요합니다. 하지만 놀이를 돕기 위한 이런 규칙들이 과도하게 놀이 위에서 군림하도록 두고 있는 것은 아닐까요? 이 규칙들이 놀이보다 더 중요할까요? 진지하게 생각해 보아야 할 것입니다.

연초에 교사연수가 있어 선생님들에게 "이제 일 년 동안 아이들과 담임교사로 만나게 되셨는데, 한 해 학급운영, 교육의 목표가 무엇입니까?" 하고 질문을 했었습니다. 앞에 앉으셨던 선생님 두어 분께서 말이 끝나기 무섭게 "(아이들이) 안 다치는 거요!" 하고 대답하셨습니다. 이분들의 말에 강의실에 계시던 다른 분들도 저와 함께 자조 섞인 웃음을 웃었습니다. 그 뒷마음이 참 씁쓸했습니다. 좋은 선생님이 되기 위해 방학 중에도 연수에 참여하며 소명을 잘 감당하기 위해 애쓰시는 많은 선생님에게조차 '아이들이 다치지 않는 것'이 교육의 목표가 되어 버린, '오늘도 무사히'를 염원하는 선생님들의 고충이 고스란히 전달되었기 때문이겠지요. 왜 이렇게 되었을까요? 모든 일에는 우선순위라는 것이 있습니다. 중요도에 따라서 결정되기도 하고, 시급성에 따라서 결정되기도 합니다. 이 모든 것이 가치판단의 기준에 따라서 결정됩니다.

우리 대부분은 급한 일을 먼저 하는 경향이 있습니다. 외적으로 드러나는 일을 우선시하는 경향도 있지요. 그래서 급한 일을 하느라, 또 드러나는 일을 하느라 정작 잘 드러나지는 않지만 중요한 것을 놓치는 경우가 많습니다. 그래서 우리는 어떤 일을 하든지 너나없이 모두가 정말 바쁩니다. 혹시 주변에 '안 바쁜 사람'이 있는지 둘러보세요. 아마 찾기 어려우실 거예요. 그런데 우리 모두가 이렇게나 바쁘게 살면서 그 결과로 이룬 것은 무엇이 있을까 싶은 생각도 듭니다. 하루 종일 동동걸음치며 등에 콩이 튀도록 분주했는데도 놓치고 빠뜨리는 일이 계속해서 있습니다. 또 지나고 생각해 보면 그렇게까지 많은 시간과 열정을 쏟을 필요가 없었던 일에 매달렸던 기억도 많습니다. 오늘 여러분의 하루를 우선적으로 채운 일들은 어떤 일들이었나요?

문득 '돌담기와 흙담기'라는 이야기가 떠오릅니다. 이야기는 이렇습니다. 어느 날 스승이 제자에게 빈 병을 하나 주고 그곳에 돌을 채워 넣으라고 했습니다. 제자는 병 입구까지 돌을 가득 채워 넣고 스승에게 가져갔답니다. 돌로 가득 찬 병을 본 스승은 이번에는 그 병에 흙을 더 넣으라고 했고, 제자는 돌 사이로 흙을 더 부어서 병의 빈 공간을 가득 채워 스승에게 가져갔지요. 그랬더니 이번에는 병 속에 든 돌과 흙을 큰 상자에 부어 병을 비우라고 했어요. 제자는 스승이 시키는 대로 했습니다. 큰 상자에 돌과 흙이 채워지고 병이 다 비워지자, 스승은 큰 상자에 있는 흙을 다시 병에 담으라고 했습니다. 상자 속에 있는 흙을 다시 병에 모두 부어 스승에게 보여 드렸습니다. 이를 본 스승은 흙을 담고 남은 공간에 상자 속 남은 돌을 다시 담으라고 했습니다. 제자는 스승의 말을 따라 해 보았지요. 흙을 담은 병에 돌을 담으려고 하니 처음에 병 속에 들어갔던 돌들을 모두 다 병에 담을 수 없었다는 이야기입니다.

　제한된 공간인 병에 돌을 먼저 담을 것인지, 흙을 먼저 담을 것인지는 '우선순위'에 대한 문제일 것입니다. 오늘날 우리 아이들의 놀이 현실을 생각해 보면, 이제 이 우선순위에 대해 유아교육 전문가들이, 아이들에게 관심을 갖고 있는 모든 어른이 조금 더 심각하게 돌아보고 결단해야 할 부분이

있다는 것이 저의 진단입니다. 물론 안전보다 놀이가 더 중요하다고 말할 수는 없습니다. 하지만 우리가 제한하고 있는 것들이 꼭 그만큼, 꼭 그 정도의 강도로 필요한 것인지에 대해서는 다시 생각해 보아야 한다는 것입니다. '규칙의 수호자'가 되기보다는 아이들이 안전한 범주 안에서 자유롭게 활동할 수 있도록 돕는 '놀이의 수호자'가 되어야 하지 않을까 하는 마음에서 그러는 것이지요.

다음에서는 이런 관점을 놀이로 풀어낸 '벚꽃잎이 흩날리던 어느 아침 풍경'과 '맨발로 느껴 보아요' 활동을 소개하고자 합니다. '벚꽃잎이 흩날리던 어느 아침 풍경' 활동에서 선생님은 '매일 교실 밖으로, 또 밖으로' 나가고 싶어 하는 어린 상춘객들의 열망을 '중요한 것'으로 우선순위에 놓아 주셨습니다. 아마 선생님께서도 미리 계획해 둔 아이들과의 활동이 있으셨을 것이고, 코앞으로 다가온 행사 준비가 있었을지 모릅니다. 이렇게 저렇게 갑작스럽게 생긴 문제 상황과 공문을 처리해야 해서 분주하셨을 겁니다. 뿐일까요? 마음 같지 않은 기상조건이나 부모님들의 염려 때문에 선뜻 아이들과 발맞춰 주기가 쉽지 않으셨을 것입니다.

하지만 선생님은 이날 하루도 '사량유치원 아이들의 마음'과 '사량유치원 아이들의 놀이'를 최우선순위로, 가장 귀하고 중요한 것으로 여겨 주셨던 것 같습니다. 마치 사량유치원이라는 빈 병에 귀하게 대접받은 아이들의 소소한 바람과 마음이 다른 어떤 것보다도 먼저 채워져 가고 있는 것이 눈에 보이는 듯합니다. 일상적인 일과 급한 일, 정해진 규칙에 귀한 아이들의 마음이 밀려나지 않고 자리를 지키고 있는 것이지요. 그리고 선생님은 산책에서 수집한 다양한 꽃잎을 물에 띄워 볼 수 있도록 수조를 준비해 주셨지요. 봄꽃만으로도 충분히 어여쁘고, 이 꽃들이 만들어 내는 물그림자도 참 곱습니다. 하지만 따뜻한 햇살 아래 아이들 얼굴에 가득한 미소만큼 아름다운 것이 또 있을까요?

 사례를 보시면서 '벚꽃잎이 흩날리던 어느 아침 풍경'을 단순한 활동으로 보시지 마시고, 아이들을 중심에 둔 선택에 방점을 찍고 보셨으면 합니다. 그러면 선생님께 최우선순위로 대접받은 '아이들의 마음과 놀이'가 먼저 담기고, 이 후에 '꼭 필요한 규칙'들이 그 사이 공백을 조화롭게 메운 아름답고 귀한 유리병이 보이실 것입니다. 그리고 오밀조밀 예쁜 그 병 안에서 한껏 물오른 아이들의 자유(Liberty)도 함께 감상하실 수 있으실 겁니다. 그래서 이 활동을 통해 '선택의 우선순위, 가장 소중한 것을 먼저' 먼저 선택하는 것의 가치와 이를 통해 자연스럽게 충족되는 아이들과 어른들의 자유에 대해서도 생각해 보실 수 있었으면 좋겠습니다.

 다음으로 '맨발로 느껴 보아요' 활동은 '불필요한 외적 틀로부터의 자유', 즉 아이들의 자유로운 선택을 중심으로 살펴보시면 좋겠습니다. 신발, 양말로부터 자유로운 아이들의 탐색 과정이 '바닥에 유리가 있으면 어째?' 하며 우리 마음을 꽁꽁 싸매고 있는 마음의 양말과 신발을 벗겨 주고 우리를 조금 더 자유롭게 해 줄 것이라 생각합니다. 그러길 바랍니다.

활동사례 1. 선택의 우선순위, 가장 소중한 것을 먼저

벚꽃잎이 흩날리던 어느 아침 풍경

봄이 되어 아이들은 매일 교실 밖으로, 밖으로 나가자고 조른다. 오늘 아침에 등원한 양래가 나에게 뛰어오더니,

양래: 선생님, 오늘 유치원에 오는데 운동장에 꽃잎들 날아다니는 거 봤어요?

정훈: 나도 형님하고 유치원 오는데 중학교에서 벚꽃잎이 바람에 날아가는 거

봤는데, 나비가 날아가는 줄 알았어. 엄청 많이 날아갔어.

아이들이 신나서 벚꽃 얘기를 하는 것을 듣고 있다가 나도 맞장구를 쳐 주었다.

나: 양래와 정훈이가 벚꽃잎 날아가는 걸 보았구나. 선생님도 유치원에 오려고 사택에서 나오는데 갑자기 바람이 불더니 벚꽃잎이 마구 떨어져서 날아 가는 걸 봤어. 너무 예뻐서 함께 보고 싶었어.

다른 아이들도 나와 친구들의 얘기를 듣다 다가와 싱긋 웃으며 얘기한다.

아이들: 선생님, 우리들도 바깥에 나가서 벚꽃잎 날아가는 거 보고 싶어요. 어 제도 봤는데 오늘은 주워서 날려 보고 싶어요.

나가고 싶어 안달이 난 아이들 성화에 그날의 일정을 잠시 뒤로하고 함 께 벚나무 아래로 산책을 나갔다. 봄이 오는가 했더니 어느 사이 유치원 앞 벚나무에 꽃이 피고 며칠 만에 그 꽃잎이 흩날렸다. 아이들은 작은 꽃잎 하 나가 떨어지는 것만 보아도 꺄르륵 웃으면서 쫓아가 주워서 놀기도 하고, 꽃잎을 쫓아 따라가기도 한다. 어쩌다 꽃잎을 잡으려다 작은 꽃잎이 손안 에 들어오면 소리를 지른다.

유치원 동네 산책을 다녀온 아이들의 손에 모두들 동백꽃잎과 벚꽃잎이 쥐어져 있다. 소꿉놀이를 하겠다고 주워 온 동백꽃을 뜰 앞에 놓아둔 물덤벙에 살며시 놓아 본다. 동백꽃은 금방 물에 펴져서 꽃잎이 살아나는 듯하다. 벚꽃잎은 아이들 손에 꼭 쥐어져서 잘 펴지지가 않는다.

아이들: 꽃이 물에 뜬다!
민솔: 동백꽃은 그림자가 크게 보인다.

민솔이의 말을 듣고 아이들은 물 아래 드리운 꽃 그림자를 살펴본다.

아이들: 물이 움직이니까 꽃 그림자도 움직인다. 하하하, 신기해!

아이들은 바람이 불다 멈추자 꽃이 움직이는 모습이 보고 싶은지 입을 동그랗게 오므려 바람을 불어넣어 준다. 남희는 꽃을 살짝 치우고 자신의 손을 물 위에 올려 그림자가 생기는 것을 본다.

남희: 이것 봐 손도 그림자가 생겼어!

아이들: (남희의 얘기를 듣고는 자신의 손을 올려 손 그림자를 만들어 본다.)

민경: (손 그림자를 보다가 자기 얼굴을 물 위에 비추어 보며) 이것 좀 봐!! 얼굴 그림
　　　자다.

아이들이 다 같이 물 위에 얼굴을 대어 본다. 아이들의 웃음소리가 운동
장에 까르르 까르르 소리를 내며 한참을 벚꽃잎처럼 흩날린다.

맨발로 느껴 보아요

친구들이 맨발로 잔디밭에 나왔다. '우리 몸으로 느껴 보기' 시간이다. 신발을 신고 다니던 잔디밭을 맨발로 걸으니 간질간질, 보들보들, 조금은 까칠하다고 한다.

은혁: (잔디가 더 많이 자란 곳을 다녀 보다가) 얘들아!! 이리 와 봐. 여기는 더 보들

보들해. 밟아 봐.

아이들이 은혁이 애기를 듣고, 그곳으로 가서 밟아 본다.

유한이는 잔디를 밟아 본 보들보들한 느낌을 잔디를 그린 후 그 위를 솜처럼 그려 표현했다.

> 남희: 잔디밭을 걷는 느낌이 너무 간질간질하여 누군가 발바닥을 간지럽히는 느낌이다. 걸어 다니지를 못하겠어. 민경아 너는 어때?
>
> 민경: 남희 언니야, 나는 잔디를 밟아 보니 우리 동네 놀이터에 있는 잔디랑 느낌이 달라.
>
> 나: 민경이네 동네 놀이터에 있는 잔디는 어떤 느낌이었어?
>
> 남희: 민경아, 느그 동네 놀이터에도 잔디 있나? 나도 한번 가 보고 싶다.
>
> 민경: 놀이터에 잔디밭이 있어. 그런데 여기 잔디밭보다 좀 더 까칠까칠해. 어떨 땐 발바닥이 아프기도 해. 잔디밭에 강아지들이 똥을 눌 때도 있어서 조심해야 해.
>
> 남희: 아~~ 우리 동네 학교 운동장(폐교된 내지 분교)에도 잔디밭이 있는데, 아빠랑 공놀이할 때 내가 미끄러졌지만 잔디가 있어서 아프지는 않았고, 바지에 잔디 색깔 물이 들었어.

신발을 벗고 잔디밭에서 한참을 놀이하던 아이들은 손으로 잔디를 만져 본다.

> 유한: 손으로 잔디를 만져 보니 간질간질해, 너무너무 간지러워, 만져 봐.

주연: (잔디를 만져 보며) 정말 간지럽네. 소털 같다.

나: 주연아 소털을 어디에서 만져 보았어?

주연: 우리 아빠가 소를 키워요. 송아지도 있어요. 산에다 두면 풀을 먹고 자라
     요. 밤에는 우리 집으로 데리고 와요.

유한이는 주연이 얘기를 듣고, 다시 잔디를 만져 본다. 그리고 손등으로
도 잔디 위를 스치며 감촉을 느껴 본다.

유한: 손등으로 만져 보니 더 간지럽다. 손보다 더…….

아이들은 유한이 얘기를 듣고 잔디에 손등과 발등을 대어 본다. 남희와
주연이는 얼굴도 대어 본다.

잔디밭에서 놀던 아이들이 발을 씻으러 수돗가에 와서 물에 발을 담그며
소란을 떤다.

유한: 물이 발에 떨어질 때는 간지럽더니 물이 내려온 바닥은 철벅철벅 소리가
난다.

주연: 물이 바닥에 떨어진 곳에 돌멩이가 있어 시원하기도 하고, 아프기도 하네.

아이들은 주연이와 남희가 얘기하는 것을 듣고는 호스를 발에 대어 물을
흘려보내기도 하고, 돌멩이를 밟아 보기도 한다.

유한: (보도블록이 깔려 있는 바닥을 다니며) 아이고, 까끄러워라! 발이 까칠까칠
하다.

주연: 어디야? 어디가 까끌해?

유한: 여기 이리 와 봐, 주연아.

주연이도 유한이가 얘기하는 곳에 발을 대어 본다.

주연: 진짜 까끄럽다. 보리 밟을 때 느낌이다.

아이들의 얘기를 듣고, 나도 보도블록에 발을 대어 본다.

    나: 아~~ 까칠하고 발이 아프네.
    아이들: 선생님 진짜 그렇지요? 까칠하지요?
    나: 그러네. 진짜.

유한이 오빠가 벽돌 벽에 발을 대어 보더니 울퉁불퉁하다고 하자 모두들
벽에 발을 대어 본다. 바닥에 있는 벽돌보다 조금 아프다고 한다.

    은혁: (맨홀 뚜껑에 발을 대어 보니) 쇠로 되어 있어서 발로 비벼 보니 차갑기도 하
        고, 매끌하기도 해.
    주연: (맨홀 뚜껑과 벽돌 바닥을 오가면서 발을 대며) 맨홀 뚜껑이 쇠로 되어 있어
        차가운데…… 햇볕이 있는 맨홀 뚜껑은 따뜻해서 발이 뜨거워.

이번에는 뜨거워진 발을 물이 있는 곳에 대어 식힌 후 벽돌 바닥에 대어
본다.

주연: 벽돌 바닥도 여기(햇볕이 비치는 곳)는 발을 대어 보면 따끈따끈하고, 그늘
에 있는 벽돌은 시원해.

남희도 주연이 언니 얘기를 듣더니 번갈아 가며 맨홀 뚜껑과 벽돌 바닥
을 오가며 느껴 본다. 동현이는 누나들의 얘기에 두 곳을 오가며 느껴 보느
라 바쁘다.

동현: 여기로 와 봐. 나무 밑에 오니까 몸도 시원하고, 발도 너무 시원해. 얼음
물 같다.

유치원 운동장에서 시작된 '느낌 놀이'는 아이들 스스로 여러 곳의 촉감
이 같고 다른 장소를 찾아다니며 손, 발, 손등, 발등의 느낌이 다름을 찾아
내 함께 느껴 보고, 생각을 나누는 활동으로 이어졌다. 내일은 신발을 신었
을 때와 벗었을 때의 느낌, 그리고 신발의 종류에 따라서도 느낌이 어떻게
다른지에 대해 알아보아야겠다.

Activeness: 적극성

놀이의 세 번째 특성은 바로 '적극적 참여(active engagement)'입니다. 사실 적극적 참여의 특성은 앞에서 살펴본 '과정, 자유, 내적 동기'와 같은 다른 특성들과는 조금 다른 맥락입니다. 다른 특성들은 이 특성이 있어야 놀이가 되는, 놀이를 다른 활동과 구별해 주는 특성이라고 한다면, '적극성'은 놀이이기 때문에 나타나는 자연스러운 현상이기 때문입니다.

생각해 보세요. 스스로 선택한 활동을 내적 동기에 따라 즐기는 활동의 주인은 누구일까요? 놀이의 주체는 바로 아이들입니다. 그러니 주체로 참여하는 데 적극적인 모습을 보이는 것은 당연한 것이지요. 만약 좋은 놀이시설, 놀잇감에 둘러싸여 있더라도 적극적인 참여의 모습을 보이지 않는다면 지금 그 아이는 놀이 상황에 있지 않은 것입니다.

여기서 두 가지 유의해야 할 것이 있습니다. 첫째는 놀이의 발달에 대한

206

이해가 필요하다는 것입니다. 잘 알고 계시듯 스밀란스키(Smilansky)는 인지발달에 따라 놀이를 '기능놀이, 구성놀이, 극놀이, 규칙있는 게임' 등으로 구분하였고, 파튼(Parten)은 사회적 측면에서 '비몰입행동, 지켜보기, 혼자놀이, 병행놀이, 평행놀이, 연합놀이, 협동놀이' 등으로 놀이를 구분하여 설명했습니다. 즉, 아이들의 발달 특성에 따라서 '적극적 참여'의 의미도 융통적으로 해석되어야 할 필요가 있다는 것이지요.

만약 자동차를 가지고 놀이하는 친구들 옆에서 바닥에 가로누워 자동차를 손에 쥐고는 자동차를 앞으로, 그리고 다시 뒤로 밀고 당기는 행위를 말 없이 하는 아이가 있다고 가정해 봅시다. 이 아이는 인지적으로는 기능놀이를, 사회적으로는 병행놀이를 하는 상황인 것이지요. 비록 보기에는 소극적이고 정적으로 보일 수 있지만 아이는 나름 바퀴의 움직임, 힘의 작용과 반작용 등에 대해 몰입해서 적극적으로 놀이하고 있는 중일 수 있습니다. 그런데 부모나 교사가 이 상황에서 아이의 적극성을 이해하지 못하면 어떻게 개입하게 될까요? "옆에 친구들이랑 같이 놀자고 해 볼까? 이제는 자동차 그만 굴리고 다른 거 갖고 놀아 볼까?" 하며 아이의 놀이 맥락에 맞지 않는 개입을 할 수도 있습니다. 병행놀이를 하는 시기의 아이에게 옆에 있는 친구와 함께 놀잇감을 나누면서 연합놀이를 하는 것은 발달의 과정상 어려운 일이기 때문입니다.

두 번째는 '적극성'의 의미를 오해하지 말아야 한다는 것입니다. 우리는 보통 적극적이라고 하면 동적이고 외적으로 표출되는 것을 생각하기 쉽습니다. 하지만 정적이고 내적인 적극성도 있습니다. 어쩌면 이것이 더 강력

할 수도 있습니다. 가만히 앉아서 어항 속 물고기를 그저 조용히 바라보고 있는 아이가 있다고 가정할 때, 이 정적이고 수동적으로 보이는 외현과는 달리 아이의 내면에서는 물고기의 움직임에 대한 적극적 관찰과 비교, 추론 등의 탐구과정과 상상이 매우 열정적이고 역동적으로 이루어지고 있는 상황일 수 있다는 것입니다.

이러한 상태를 '몰입(flow)'이라고도 할 수 있을 것입니다. 몰입은 외적인 보상이 없어도 자기가 하는 일 자체가 즐거워서 푹 빠져 있는 심리적 상태를 가리킵니다. 그야말로 시간 가는 줄 모르고 흠뻑 빠져 있는 상태인 것이지요. 그래서 일도, 공부도, 사랑도 몰입할 수 있다면 모두 놀이가 될 수 있습니다. 생각해 보세요. 자기 자신도 잊어버리고 무엇인가에 온전히 몰입했었던 그 때의 감정과 기억을 말입니다. 그 상태가 주는 절정의 행복이 있습니다. 이러한 몰입의 경험을 통해 얻는 행복감은 단순한 쾌감이 아닌 즐거움과 성취감을 줍니다. 급기야 '행복은 전염된다.'[*]고까지 했으니 놀이를 통한 몰입의 영향력에 대해 기대해 보게 됩니다.

또한 몰입의 경험은 높은 자아존중감과 행복을 위해서 더 높고 새로운 수준의 과제에 도전하게 하는 힘을 갖고 있습니다. 즉, 무엇인가에 몰입한 사람은 절대로 지금의 그 상태에서 머무르려고 하지 않는다는 것이지요. 어떻게 머물 수 있겠어요. 게임을 하면서도, 수학 문제를 풀면서도, 사람과의 관

---

[*] Nicholas, A. C., James, H. F.(2009). 이충호 역(2010). 행복은 전염된다. 〔Connected: The Surprising Power of Our Social Networks and How They Shape Our Lives〕. (원저는 2009년 출간). 경기도 : 김영사.

계에서도 지금의 단계를 완성하면서 얻게 되는 성취감과 기쁨은 그 자리에 머물게 하지 않고, 더 어려운 단계로, 그다음의 수준으로 나아가도록 내몰지 않던가요. 따라서 어딘가에 몰입한다는 것은 그 본질에 닿기 위해 끊임없이 자신의 한계에 도전해서 지경을 넓혀 가는 동력이 됩니다.

이처럼 몰입해서 적극적으로 참여하는 것은 궁극적으로는 긍정적인 정서를 경험하게 해 줍니다. 하고 싶었던 일을 하면서 어떻게 즐겁지 않겠어요. 못했던 것들을 자신의 노력으로 할 수 있게 되는 유능감을 맛보는데 어떻게 즐겁지 않고 신나지 않을까요? 하지만 아이들의 놀이가 언제나 즐거운, 그 표피적인 상태만을 의미하는 것은 아닙니다. 때로는 두렵고 힘든 상황에 직면하게 되었을 때, 그 힘든 상황을 극복하게 하는 방패로 놀이가 역할을 하기도 합니다.

운동장을 무조건 다섯 바퀴 뛰는 것은 힘들고 지겨울 수 있지만, 게임을 하듯 놀며 운동장을 뛰다 보면 어느 사이엔가 즐겁게 그 일을 하게 될 수 있다는 것이지요. 높은 곳에서 뛰어내리는 일은 너무 힘들고 두려운 일이지만 술래에게 잡히지 않기 위해서, 혹은 해적놀이를 하면서 뛰어내리다 보면 어느 사이엔가 대근육이 발달되어서 그 일이 그렇게 두려운 일이 아니게 되고 또 유쾌한 놀이 경험으로 채색이 됩니다. '무엇을 아는지, 얼마나 잘 하는지'가 아니라 '어떻게 하는지, 얼마나 즐기며 하는지'가 더 중요한 오늘날이기에 놀이의 필연성과 중요성은 더욱 강조됩니다.

나아가 이러한 놀이의 특성은 오늘날 주목받는 그릿(Grit)과도 일맥상통

하는 부분이 있습니다. 그릿은 재능이나 환경을 뛰어넘는 '열정적 끈기의 힘'입니다. 한마디로 끝까지, 될 때까지 해내는 저력, 곧 '근성'이라는 뜻인데, 앞에서 살펴본 바와 같이 놀이의 적극성, 몰입, 긍정적 정서 등은 결국에는 그릿과 연결된다는 것이 저의 생각입니다. 결국 제대로 놀아 본 아이는 제대로 배우는 법과 자신이 삶의 주인으로 사는 법을 배우는 것이니까요. 무엇이든 제대로 해 본 경험이 있는 사람과 아닌 사람의 차이는 참 큽니다. 그것이 공부든, 요리든, 그림이든, 장사든 관계없이 어떤 한 분야에서 일정 경지에 이르기까지 에너지를 몰입하고 최선을 다해 본 경험을 가진 사람은 압니다. 어떻게 에너지를 모아서 어떻게 에너지를 쏟는 것인지 말입니다. 안 되는 일에, 잘 못하는 일에 헌신하면서 자신의 걸음을 떼는 작업의 숭고한 외로움과 그 조용한 희열을 말입니다. 이런 자세의 기초를 어떻게 형성하도록 도울 수 있을까요? 바로 모든 것의 기초가 형성되는 유아기에 놀이를 통해서 할 수 있습니다.

그래서 다시 한번 강조하게 됩니다. 자신의 온 에너지로 실컷, 제대로 놀아 본 아이는 궁극적으로 나중에 흥미가 생기면, 헌신하고 싶은 분야의 일을 찾으면 잘하게 됩니다. 그냥 잘하는 것이 아니라 정말 신나서 놀이하듯이 그 일에 매진하게 됩니다. 또 될 때까지 해내게 되는 저력을 갖게 됩니다. 그 일의 주인의식을 가지고 주변을 아우르면서 해내게 됩니다. 날마다 그런 신나는 성공의 경험들이 쌓여서 어제보다 더 잘하게 될 것입니다. 그러니 아이들이 제대로, 실컷 놀 수 있게 하는 것이 장기적인 관점에서 얼마나 지혜로운 투자이며 가치 있는지 생각해 보게 됩니다.

이런 맥락에서 '쌩쌩 타는 것, 빙글빙글 돌아가는 것' 활동과 '알록달록 콩 따던 날' 활동을 소개하려고 합니다. '쌩쌩 타는 것, 빙글빙글 돌아가는 것' 활동에서 아이들은 기차놀이를 하다가 바퀴로 관심이 옮아갑니다. 그리고 돌아오는 길에 바퀴를 굴려 봅니다. 아이들이 지은 동시만 봐도 그날의 경험이 얼마나 역동적이었을지 충분히 짐작할 수 있습니다. 그리고 리어카버스로까지 확장됩니다. 이 과정에서 주체할 수 없는 아이들의 에너지가 느껴집니다. 더 뻗어 나가려는 아이들의 생동감을 느낄 수 있습니다. 때문에 이 활동에서의 놀이는 '주체할 수 없는 에너지, 지속할 수 있는 동력'이 됨을 알 수 있습니다.

그리고 '알록달록 콩 따던 날' 활동의 경우, 함께 키운 콩 꼬투리에서 꺼낸 콩알에 매료된 아이들을 만날 수 있습니다. 여기서 이 아이들의 적극성, 몰입이 가정과 지역사회로 전염되어 함께 참여하게 만드는 진정성으로 기능하는 것을 느낄 수 있었습니다. 활동을 보시며 아이들의 적극적 참여, 몰입, 긍정적 정서 그리고 이것들이 어떻게 주변으로 확산되는지에 대해 관심을 갖고 살펴보시기 바랍니다. 저는 이 활동에서 놀이의 적극성(activeness)이 '함께 참여하게 만드는 진정성'으로 역할했다고 보았습니다. 이 글을 읽으시는 여러분도 '의미'도 있고, '재미'도 있는, 즉 아름답고 아름다운, '미미'한 놀이의 맥락 안에서 아이들이 뿜어내는 에너지에, 재미에, 몰입에, 그 활기에 함께 참여하실 수 있기를 바랍니다.

A CTIVENESS

활동사례 1. 주체할 수 없는 에너지, 지속할 수 있는 동력

쌩쌩 타는 것, 빙글빙글 돌아가는 것

아이들이 줄을 가지고 운동장에 나왔다. 줄을 길게 펴 보기도 하고, 둥글게 만들어 보기도 한다. 줄넘기도 해 보고 줄끼리 연결해 보기도 한다. 말랑말랑한 줄을 만지는 느낌도 좋다며 한참을 가지고 놀이를 한다.

줄을 가지고 한참을 놀이하던 친구들이 무언가를 만들었다.

민솔: 애들아, 기차가 되었어. 어서 와서 타고 놀자.

민준: 누나야, 나도 태워 줘! 어디까지 가는 기차야?

서영이도 기차에 올라타며 얘기를 한다.

서영: 민솔이 언니야, 나는 삼천포 우리 오빠 있는 곳까지 가고 싶어.

민솔: 알았어, 서영아 어서 타라.

동현이도 기차의 끝을 두 손으로 잡고 달려간다. 저기, 먼 곳에 네 명의 친구들도 줄로 무언가를 만들어 타고 간다. 운동장을 돌다 보니 두 팀이 함께 만나기도 한다. 남희팀 친구들이 민솔이가 끄는 기차를 보며 얘기한다.

남희팀: 너희는 무얼 만들었니? 우리는 버스를 만들었어.

민솔이팀: 우리는 기차를 만들었어. 바다에도 다니는 기차야.

버스와 기차가 운동장을 돌며 손님을 바꿔 태우기도 하고 내리는 곳, 타는 곳, 서울, 삼천포, 대구, 통영 등 기차와 버스가 서는 휴게소도 만들고, 탈 것 놀이를 한다.

줄을 가지고 타는 놀이를 하던 아이들이 유치원 앞에 걸어 두고 놀이하는 훌라후프를 하나둘씩 연결해서 탈 것을 만들고는 거기에 친구들을 하나둘씩 모두 태워서 간다.

나: 얘들아!! 나 좀 태워 줘, 어디를 가고 있니? 재미있겠다.

아이들: 선생님도 올라타세요. 우리는 지금 어디든지 가는 기차도 되고, 버스도 되는 것을 만들었어요.

세상에 하나뿐인 탈 것이 나를 태우고 '칙칙폭폭' 기차도 되고, '뛰뛰빵빵' 버스도 되어 어디든 친구들이 가고 싶은 곳에 태워 주었다.

줄과 훌라후프로 기차와 버스 등 탈 것 놀이를 하던 아이들은 어느새 줄 하나를 사이에 두고, 기차를 만들어 양쪽으로 마주 보며 어디론가 가고 있다.

나: 어디를 가고 있나요?

아이들: 사량도에 있는 타는 것을 찾아가는 중이에요. 선생님도 함께 가요.

나도 아이들이 만든 기차의 끝을 잡고 '칙칙폭폭' 아이들과 함께 기차 소리를 내며 가 준다. 앞서가는 언니들은 뒤에 오는 동생들이 다칠까 조심조심 간다.

학교 언덕 위를 내려오다 아이들이 커다란 바퀴가 네 개 달려 있는 탈 것을 발견한다. 아이들이 가까이 가서 관찰해 본다.

아이들: 와~~ 바퀴가 크다.

민솔: 진짜 바퀴가 크다.

나: 바퀴가 크게 보이니? 민솔아, 어떤 바퀴보다 크게 보이니?

민솔: 자전거 바퀴보다 크고, 오토바이 바퀴보다 커요.

남희: 아니다. 민솔아, 앞바퀴는 오토바이 바퀴보다 작다.

민솔: (남희의 얘기를 듣고 한 번 더 살펴보더니) 아~~ 맞네, 진짜로 그러네.

길가에서 발견한 탈 것을 보고 비교해 보고, 관찰을 하며 얘기를 나눈다.

오토바이 가게에 온 유치원 친구들!!! 가게에서 여러 가지 바퀴를 보게 된 친구들은 어느새 타고 온 기차를 버려 두고, 바퀴의 매력에 빠졌다. 승민이는 아주 작은 바퀴를 발견하고 굴려 본다. 민솔이와 채린이는 크고 뚱뚱한 바퀴를 찾아내 만져 보고, 다른 친구들 바퀴도 쳐다본다.

나: 얘들아!! 어떤 바퀴를 찾았니?

민솔이와 채린이: 우리는 여기에서 제일 큰 바퀴를 찾았어요.

남희: 나는 민솔이보다는 작고, 민경이보다는 조금 큰 바퀴인데. 작은 자전거 바퀴에 있는 바퀴랑 똑같다. 이것 봐 봐.

나: 여러 가지 바퀴를 찾았네…… 바퀴를 자세히 살펴보자.

아이들은 오토바이 가게 주인에게 자신이 찾은 바퀴에 대해 궁금한 것을 물어본다.

민경: 아저씨, 이 바퀴는 어디에 있던 바퀴예요?

오토바이 가게 주인: 민경이 바퀴는 아주 작은 자전거 바퀴야.

민경: 그런데 왜 바퀴 안에는 텅 비어 있어요?

오토바이 주인: 그건 안에 들어 있던 바퀴가 하나 더 있는데 빼내서 그래.

민경: 아~~ 그런데 그 바퀴는 어디에 있나요? 보고 싶어요.

오토바이 가게 주인: 지금은 없지. 다음에 민경이가 오면 보여 줄게.

아이들은 오토바이 가게에서 바퀴를 굴려 보고, 다른 친구들의 바퀴는 어떤 것인지를 비교해 보기도 한다. 이렇게 한참을 바퀴를 가지고 놀던 아이들은 오토바이 가게 주인에게 '바퀴를 유치원에 가지고 가서 놀다가 가져다 드려도 되는지' 여쭤본다. 오토바이 가게 주인분께서 흔쾌히 허락해 주시자 기뻐서 어쩔 줄 모른다. 일단 바퀴를 굴려 유치원으로 돌아오기로 했다.

유치원으로 돌아오는 길에 아이들은 바퀴를 길에 굴려 본다. 민솔이는 유치원 입구의 내리막길에서 바퀴를 굴려 본다. 굴러가는 바퀴를 쫓아 따라가며 구르는 모습을 보고, 웃으며 잡으러 간다.

민솔: 민경아~~ 내 바퀴 좀 봐 봐, 너무 잘 굴러간다.

아이들은 민솔이와 민경이가 바퀴 굴리는 것을 보더니 한 번씩 굴려 본다. 남희는 내리막길에서 바퀴를 굴려 보며 친구들에게 얘기를 한다.

남희: 이거 봐. 바퀴가 너무 잘 굴러간다.
민경: (남희 언니가 바퀴를 굴리는 것을 보고 있다가) 남희 언니야!! 그 바퀴(가늘고 굵은 바퀴) 내가 굴려 보니까 잘 굴러가더라.
동현: 남희 누나야, 나도 굴려 보자.

동현이도 남희 누나의 바퀴를 받아서 바닥에다 굴려 본다. 남희는 동현이가 바닥에서 굴리는데 잘 굴러가지 않는 것을 보고 얘기한다.

남희: 동현아, 거기(평평한 바닥)는 잘 안 굴러간다. 저기(내리막길)에서 굴려 봐.

남희는 동현이를 내리막길로 데리고 가서 굴려 보게 한다. 아이들은 언덕 위와 아래에서 바퀴를 주고받으며 굴리기 놀이를 한다. 민경이는 내리막길 아래에 서서 바퀴를 굴리는 언덕 위의 남희 언니를 보며 말한다.

민경: 남희 언니야, 나는 여기서(언덕 아래) 언니한테(언덕 위)로 굴리니까 바퀴가 잘 안 올라가고 힘들어.
남희: 민경아 힘들어? 그럼 내가 아래로 내려가서 해 볼게.

민경이와 남희가 서로 자리를 바꿔 바퀴를 굴려 본다. 다른 아이들도 언덕 위와 아래를 오가며 바퀴를 굴려 보는 재미에 푹 빠졌다. 며칠 후 비가 오고 난 뒤 아이들은 운동장에서 바퀴를 가지고 놀며 바퀴에 올라타 보기도 하고, 여러 가지 길에서 굴러가는 바퀴 모습을 보며 한동안 놀이를 한다. 그리고 바퀴를 굴려 본 경험에 대해 다음과 같은 시를 지었다.

길에서 굴리니까 잘잘잘 굴러가고
잔디밭에서 굴리니까 비틀비틀 굴러가네.
빗물 웅덩이에 들어갔다 나온 바퀴는 물 그림을 그리고,
찐득찐득 흙에 빠진 바퀴는 흙 그림을 그린다.

바퀴에서 시작된 탈 것에 대한 관심이 점점 커진 아이들은 급기야 유치원에서 탈 것을 찾아보았다. 무거운 짐을 옮기는 리어카를 찾아 민솔이가 끌고, 친구들이 밀면서 놀고 있다.

민솔: 내가 리어카 끌고 갈게, 뒤에서 밀어 봐.

아이들은 민솔이 얘기를 듣고, 옆에서 그리고 뒤에서 밀어 본다.

민경: 민솔이 언니야, 우리가 밀어 주니까 리어카가 잘 가나?
민솔: 좀 더 세게 밀어 봐.

동현이는 민솔이 누나 얘기를 듣고, 한쪽 다리를 뒤로 뻗으며 힘껏 밀어
본다.

동현: 민솔이 누나야, 내가 힘껏 밀고 있다.

아이들이 리어카를 세게 밀어 주어 리어카가 갑자기 앞으로 빠르게 움직
이려 하자 다리를 이용하여 브레이크를 잡으며 속도를 조절한다. 리어카를
끌고 미는 놀이에 푹 빠졌던 아이들이 리어카에 타고 싶다고 나를 조른다.

아이들: 우리도 리어카에 타고 싶어요. 리어카 타고 버스 놀이 하고 싶어요.
나: 어디 가는 버스를 타고 싶어?
남희: 사량도 내지마을이요.
채린: 통영까지 가는 버스요. 물 위에도 가는 버스요. 그러면 우리가 버스에서
　　　안 내리고 가만히 있어도 통영까지 가니까요.
남희: 물 위에도 가는 버스는 배처럼 물에 떠야 된다. 리어카는 무거워서 물에
　　　안 뜬다.
나: 채린이는 물에 뜨는 리어카 버스를 타고 싶구나.
채린: 네, 선생님. 리어카 버스 타고 바다를 지나가면 시원하고, 물고기도 보고

재미있잖아요.

아이들: 채린아, 우리가 함께 생각을 해서 바다에도 다니는 리어카 버스 좀 만

들어 보자.

이렇게 기발한 생각을 하는 아이들과 리어카 버스를 타고 바다 위를 다

니는 생각을 해 본다.

이번에는 자전거를 타고 놀이하며 어떻게 움직여 자전거가 앞으로 가는

지 관찰해 본다. 민경이와 주연이는 자전거를 끌어 보며 자전거가 갈 때는

무엇이 움직이고, 섰을 때는 어떤 부분이 움직이지 않는지를 살펴본다.

민경: (브레이크 부분을 잡아 보며) 주연이 언니야, 내가 여기를 꼭 누르니까 자전

거가 가다가 멈추었어.

주연: (민경이 얘기를 듣고 브레이크를 꼭 잡아 보며) 그러네, 민경이 말처럼 나도

해 보니 자전거가 가지 않고 서네.

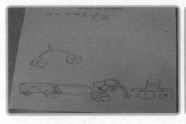

아이들은 여러 가지 타는 것에 대한 경험을 통해 알게 된 점을 그림으로 표현하였다. 바퀴 달린 탈 것과 타 보았을 때 느낌, 그리고 길에서 보았던 자동차들을 그렸다.

> 남희: 내가 그린 것은 우리 집에 있는 세 발 자전거와 자동차 그리고 리어카 버스를 그렸어.
>
> 민경: 제일 위에 있는 바퀴 두 개는 어떤 건데, 언니야?
>
> 남희: 아~~ 그건 고장 난 자전거인데 바퀴만 두 개가 남아 있는 거야. 위에 잡고 굴리면 잘 굴러간다.
>
> 민경: 다음에 남희 언니 집에 가면 보고 싶다. 지금도 언니 집에 있나?
>
> 남희: 있어! 다음에 우리 집에 오면 보여 줄게.
>
> 민솔: 남희야, 리어카 버스 앞에 끌고 가는 거 보니까 또 타고 싶다. 선생님, 우리 또 태워 주세요.
>
> 나: 민솔아, 또 태워 줄게. 리어카 버스가 그렇게 재미있었어?
>
> 민솔: 네, 처음으로 타 보았어요. 사량도에 와서 처음으로 보았어요.

그 이후로도 한동안 사량도 바닷가에서는 리어카 버스가 아이들을 싣고 달리고 있었다.

알록달록 콩 따던 날

봄이 되면 사랑도에는 할머니들께서 씨앗을 뿌리고, 마늘을 돌보는 등 농사철이 시작된다. 작년에 유치원에 다녔던 양래 할머니께서 밭에 씨앗 뿌리려 가시다가 유치원에 들러 콩을 주고 가셨던 것을 유치원 앞 화단에 심어 키워 왔다. 양래도 1학년이 되어 유치원 친구들과 노는 시간에 늘 같이 와서 풀도 뽑고 들여다보며 함께 키웠다. 봄에 씨앗을 심어 놓고, 주말에는 유치원 동네에 사시는 버스 기사님께 부탁을 드려 물을 주기도 하고, 양래와 정훈이가 놀이터에 놀러 왔다가 물을 주기도 해서 함께 키워 왔다.

드디어 그동안 키우던 콩을 따는 날!!! 함께 콩을 따서 바구니에 담고 까 보았다. 콩 꼬투리는 모두 초록인데, 까 보니 보라색, 분홍색, 연두색, 연보라색, 색색의 콩이 나온다.

아이들: 와~~ 콩을 까 보니 이런 색깔이에요.

콩을 깔 때마다 다른 색깔의 콩이 나오자 아이들은 콩깍지에서 어떤 콩이 나올지 예상을 해 본다. 아이들이 콩깍지에게 물어본다. "무슨 색이 들어 있니?" 콩을 까고 나서 콩깍지를 보니 콩이 있던 자리에 콩 모양으로 자국이 있는 것을 발견하고, 다른 꼬투리에서 나온 콩을 넣어서 같은 식구라고 한다. 한 꼬투리에 여러 가지 색깔의 콩을 넣고는 친구들에게 보여 주며 예쁘다고도 한다.

민솔이가 옷을 펴서 자기가 깐 콩을 옷에 싼다. 다른 아이들은 보고 있다가 색종이 봉지에 콩을 골라서 싼다. 보고 있던 아이들이 갑자기 교실로 가서 봉지를 가져왔으나 콩이 없어 울상이다.

채린: 콩밥 해 먹을 건데 콩이 없네.

콩을 가지지 못한 아이들이 콩을 공평하게 나누자고 했다. 인터넷에서 조리법을 찾아서 콩스프를 해 먹는다고 저울에 콩 무게를 재 본다. 무게를 똑같이 재서 둘로 나누었는데, 그렇게 하면 둘만 가질 수 있어 그것도 안 된단다.

"자기가 좋아하는 색깔로 골라 갖자!" 해서 색깔별로 분류해 보니 다섯 색깔밖에 없어 여섯 명 친구 중 한 명이 가져갈 콩이 모자란다. 저마다 자기가 가지고 싶은 콩 색깔이 있으니 모두 '어떻게 하지?' 하고 생각만 할 뿐 뾰족한 방법이 없는 모양이다. 민솔이는 계속 빨간 콩 앞에 앉아서 떠나지를 않는다. 점심을 먹고 와서 생각해 보기로 했다. 점심을 먹으면서도 계속 콩 얘기를 한다.

민솔: 나는 빨간 콩 가지고 싶다. 남희 넌 무슨 색깔 콩 가지고 싶어?

남희: 나는 콩스프 만들게 살구 색깔 콩 가져가고 싶어.

채린: 나도 빨간색 콩이 좋아. 그리고 빨간색 콩이 제일 많아서 가져가고 싶어, 색깔도 예뻐서! 언니 집 마당에 있는 밭에도 심어서 진짜 빨간색 콩이 열리는지 보고 싶어, 언니야!

나: 채린이는 빨간 콩을 심으면 빨간 콩이 나오는지가 궁금하구나. 선생님도 너무 궁금한데? 민솔이 언니 마당에 심고 싶구나.

채린: 네, 봄 되면 이 빨간 콩 씨앗을 꼭 심어 볼 거예요. 민솔이 언니야, 우리 콩 열리면 함께 까 보자.

민솔: 그래, 채린아.

점심시간이 끝난 후 콩 나누기를 한다. 무게를 재 봐도 두 명만 가질 수 있고, 색깔로 나누자고 하니 한 명이 콩을 가질 수 없어 아이들이 생각해 낸 방법! 콩을 모두 섞어서 같은 개수로 나눠 갖기로 했다.

색색의 콩을 가지게 된 아이들은 다른 색깔 콩을 갖고 싶은 아이들끼리 서로 콩 주고받기를 한다. 내 콩을 먼저 주고 나중에 받는 아이도 있고, 내가 먼저 콩을 주고 나면 친구가 안 줄까 봐 콩을 먼저 받고 주는 아이 등 멀찌감치에서 아이들을 바라보니 각양각색이다. 모두가 콩을 골고루 나눈 후 아이들이 하고 싶은 요리 이름을 말하고, 동생들은 언니들이 요리 이름을 기록하고 봉지 위에 붙여 준다.

남희: 우리 엄마가 오늘 콩 스프를 해 주실지 모르겠다. 재료가 어떤 게 필요한지…….

마지막으로 바깥에 익어 가는 옥수수 키 재기는 다섯 살 아이가 측정한다. 옥수수와 가지가 자라고 있는 곳에 가까이 가서 키를 재 보며 손으로 측정을 해 본다.

채린: 옥수수는 내 키보다 너무 크고, 나보다 작은 건 가지!

참 재미있는 사량도 유치원 수업! 오늘은 여기까지. 봄에 심은 본디 콩 몇 알을 유치원 앞마당에 심어 물 주고, 풀 뽑고, 전교생이 돌보았다. 그리고 동네 할머니들께서 콩을 따서 섬에 등산 오시는 관광객들에게 뱃전에서 파시는 것을 보고, 우리도 콩을 따서 까 보니 꼬투리 색은 모두 연두색으로 같은데 꼬투리마다 다른 색의 콩이 들어 있는 것을 발견하고 아이들은 빨간 콩을 심으면 빨간 콩이 나오는지 궁금해하였다.

아이들이 열심히 센 콩 38알과 요리 목록을 가지고 집으로 돌아간 그날 저녁, 사량도에는 갑자기 콩 요리 하느라 집집마다 고소한 냄새가 진동했고 사량도 아이들은 이후 콩을 엄청 좋아하게 되었다.

콩은 성장의 과정이 빠르게 진행되기 때문에 다른 식물들을 심었을 때에 비해서는 기다림의 시간이 짧고 아이들의 관심도 지속적으로 유지되는 강점이 있다. 특히 사량도의 본디콩은 봄에 심고 초여름에 수확할 정도로 성장이 빨라서 아이들과 함께 키우기 참 좋았다. 매일 물 주고 싹이 나는 것, 키가 자라는 것, 꽃이 피고 콩깍지가 열리는 모습도 볼 수 있었다.

그리고 이런 아이들의 활동을 사진과 함께 에피소드로 구성하여 학부모님과 온라인 단체 대화방인 SNS에서도 공유했는데, 반응이 뜨거워 가정연계가 자연스럽게 이루어졌다. 또한 이 SNS에는 면사무소 연못, 보건소 현장학습 등으로의 산책활동을 통해 거의 매일 아이들과 만나며 어릴 때부터 자라는 모습을 보아 오신 면사무소 직원분과 보건소 선생님도 계셨기 때문에 지역연계 또한 함께 이루어졌다.

다음은 SNS로 진행된 학부모님과 선생님 그리고 아이들이 함께하는 콩 요리 스토리이다.

민솔 어머니: 다행이다, 민솔이 콩밥이라서요 ㅋㅋ

서영 어머니: 서영이는 콩스프 어렵겠는데 네이버에 물어봐야겠네요 ──;

나: 민솔 어머니 콩밥 기대됩니다.

서영 어머니: 어찌해야 할지요? 이런 기회에 콩 좋아하게 해 볼까요?

채린 어머니: 오채린이 콩스프? 어머나 난생 처음 들어 보는 거네요.

성민 선생님: 콩 색깔 진짜 다양하네요.

남희 어머니: 콩스프…… 넘 어려운 걸 골랐다. 검색해서 주말에 해 주기로 합의했어요.

나: 손선생님, 자연이 이리 오묘한 색을 어찌 만들까요? 아이들이 한 꼬투리 깔 때마다 매번 다른 색이라 서로들 기대하며 까더라구요. 다른 곳에 가더라도 콩은 꼭 심어야지 ㅎ

나: 채린 어머니, 채린이가 계속 물어요. 콩 씨 심으면 또 열리느냐고. 내년엔 채린이 밭에 콩 심기 추가요.

채린 어머니: 네네 콩 추가요. 민솔이집 마당에다가.

나: 남희가 젤 먼저 가져가려 했어요. 인터넷 찾아서 콩스프 만든다구요.

남희 어머니: 동네 할머니가 주신 콩도 있어서 삶아 걸러 밀국수 해 먹고 콩스프도 해 봐야겠네요.

나: 남희 어머니, 밀국수 언제 하시나요? 이건 가정 방문이 필요할 거 같아요, 꼭!

민솔 어머니: 민솔이 콩밥 해서 먹고 있어요.

서영 어머니: 서영이는 스프 맛은 그닥 맛나다 안 해서 스프에 콩물 부어 칼국수로 변경했답니다. 가져온 콩이 큰 대접 하나 나오던데요, 다 무써요~~

남희 어머니: 서영이 집에서 밀국수 했네예. 우리는 스프를 하자고 하네예.

서영 어머니: 빵 맹근다고 반죽 열심 했는데 성공해야 될 낀데.

나: 정말이요? 맛있던가요? 가장 빠른 요리 집이 나왔어요. 서영이가 콩을 더 좋아하겠어요.

남희 어머니: 콩스프 넘 고소하고 맛있어요. 버터가 없어서 생략하고 우유와 두유만으로 끓였어요. 남희가 맘에 드는지 잘 먹네요.

서영 어머니: 이희숙 선생님~ 일명 막걸리빵 성공하면 보낼 낍니다. 안 챙기 가면 실패한 걸로 ──;;;

김정순(사량도 보건소 근무하시던 분): 선생님. 안 봐도 다 보이네요. 저도 요리 경연에 끼고 싶네요^^♡ 지혜롭게 나누고 양보하며 제각각의 개성도 드러나는 재량수업 넘 멋지네요~~~ 전성경 콩스프 맛나겠어요 ㅎㅎ

나: 깔 때마다 색다르고 이쁜 콩…… 그 자체로도 기대되는~ 이런 수업을 받은 아이들은 편식 안 하고 건강하겠죠?

준영 어머니(작년 학부모님): 참여해 보셔요~ 요즘 사량엔 본디콩이 한창이에요.

spontaneitY: 내적 동기화

　일과 놀이를 구분하는 확실한 기준은 내적 동기화(Intrinsic Motivation), 즉 자발성(Spontaneity)을 가진다는 것입니다. 이는 목이 말라서 물을 마시는 '충동'이나 칭찬을 받기 위해서 엎질러진 물을 닦는 '외적 동기'와는 달리, '그저' 물이 좋고 물에 대해 탐험하고자 하는 욕구로 물놀이를 하는 것을 의미합니다. 한마디로 놀이는 '특별한 이유를 댈 수는 없지만 하고 싶어서 할 수밖에 없는 행위'라는 것이지요.

　보통 '동기'는 어떤 일을 하게 되는 이유나 원인을 의미합니다. 우리가 행동을 할 때 그 일을 하게 되고 지속하게 되는 이유, 즉 전원의 스위치가 바로 동기인 것이지요. 그런데 이 동기의 스위치가 자신의 밖에 있는 사람과 자신의 내면에 있는 사람은 정말 다른 여정을 걸어가게 됩니다. 스위치가 밖에 있는, 즉 외적인 이유로 동력을 전달받은 사람은 이 일을 하는 이유가 자신에게 있는 것이 아니라 외부에 있기 때문에 지속적으로 에너지를 공급받지 않으면 그 일에서 의미를 찾기가 어렵습니다. 그래서 일을 하다가 만나게 되는 어려움 앞에서 쉽게 좌절하게 됩니다.

반면, 동력스위치가 내부에 있는, 즉 내적 동기화된 사람의 경우는 그 행위를 하는 이유가 명료하고 자기 스스로를 설득할 수 있기 때문에 어떤 일을 해도 주체의식을 가지고 일을 하게 됩니다. 또 일에 대해서도 의미를 찾게 되고 어떤 어려움을 만나도 그 어려움이 걸림돌이 아니라 디딤돌이 되어 계속해서 추진해 나가는 저력을 발휘하게 됩니다. 자가 발전 장치가 내부에 장착되어 있으니, 이 세상 어디로 가더라도, 무엇을 하게 되더라도 두려울 것이 없고 못할 것이 없습니다.

우리는 대부분 이 내적 동기를 잘 표현하지 못합니다. 생활 속에서도 아이들과 "왜 그렇게 그 일을 하고 싶었니?"라고 질문하면 아이들은 잠시 생각하다가 구체적인 대답 대신 싱긋이 웃으며 "그냥요." 하고 대답하는 경우를 흔히 접하게 됩니다. 하지만 이 '그냥'이 정말 '그냥'이 아니라는 정도는 우리도 알고 있습니다. 그저 자신의 마음에서 이루어지는 일들, 과정들을 설명하는 것이 어려워서 그렇게 표현하는 것이지요. 그러니 이 '그냥'을 '특별한 이유가 없는 것'과 '특별한 이유를 설명하는 것이 어려운 것'의 차이 정도로 생각하면 되겠습니다.

때문에 정말 때로는 이 '그냥'이 그 어떤 논리적인 설명과 설득보다도 강력하고 진정성 있는 이유가 될 수 있다고 생각합니다. 아이들은 '그냥' 흙을 끝없이 파고, '그냥' 크레파스로 벽에 칠을 합니다. 길을 가다가 개미를 보면 '그냥' 한참을 앉아서 지켜보고, 물을 보면 '그냥' 손을 뻗어서 만져 보고 싶어 합니다. 대부분의 경우 아이들의 '그냥'은 '이유 없음' '쓸데없음'이 아니라 참으로 진지하고 격정적인 '내적 동기'인 경우가 대부분이며, 이는 곧 세상에 대해 학습하고자 하는 격정적인 탐구(inquiry)의 다른 모습이기도 합니다.

그러니 아이들이 '그냥' 뭐든 해 보게 허용하고 격려하는 것이 우리가 할 수 있는 최선의 역할이 아닐까 생각도 해 보게 됩니다. '그냥' 해 보는 그 사소한 일들에서조차도 아이들이 자기결정권을 보장받지 못한다면, 더 중요하고 더 큰 일에 대해서 어떻게 자기결정권을 가질 수 있을까요? 아이들이 하고 싶어서 할 수밖에 없는 일을 하며 자신의 선택과 삶의 주체로 서서 살아갈 수 있도록 해 주어야 하지 않을까요?

이러한 경험들이 모여서 결국에는 '자율성(autonomy)'이 완성될 것입니다. 그리고 그에 대한 결과를 경험하면서 자연스럽게 책임이라는 것에 대해, 자기 통제라는 맥락에 대해 고민해 볼 수 있는 기회도 더 많이 갖게 될 것입니다. 스스로 선택하고 결과를 통해 배우고 책임지고 조절하는 것, 그리고 다시 또 선택하고 도전하며 지경을 넓혀 가는 것이 진정한 성장이고 아이들이 온전히 자기의 삶을 사는 것 아닐까요?

푸코(Foucault)* 역시 '스승의 담론은 유혹의 담론이 아니라 제자의 주체성이 자기화할 수 있는 담론이어야 한다.'며 우리가 예속된 앎에서 벗어나

---

* Michel Foucault. 김상운 역(2015). 사회를 보호해야 한다-콜레주드 프랑스 강의. 〔Society Must Be Defended: Lectures at the Collège De France, 1975-76〕. 서울: 난장.

주체로서 살아가야 한다고 했습니다. 특히 누군가의 선생님은 더욱 그래야 한다고 강조한 것이지요. 외부의 스위치로 아이들을 통제하거나 길들이려고 하기보다는 아이들의 내부에 있는 자가 동력을 활성화하는, 즉 내적 동기가 자율성으로 표출되는 것을 격려하는 것이 우리 어른들의 역할이라는 것을 다시금 확인하게 됩니다.

그리고 내적 동기는 '열정(passion)'과 동전의 양면처럼 붙어 있습니다. 내적 동기가 있는 곳에는 열정을, 열정이 있는 곳에는 내적 동기를 찾을 수 있으니 말이지요. 문득 '대한민국에 안 되는 게 어디 있어?'를 외치던 오래된 개그 유행어가 생각납니다. 정말 안 되는 거 빼고는 다 되는 이상한 일들이 우리나라에는 많은 것 같기도 합니다. 그리고 다방면의 능력을 요구받는 유아교사들에게는 더욱 그런 것 같습니다. 길이 없으면 길을 찾고, 못 찾으면 길을 만들어야 하는 이 기막힌 신화들이 가능할 수 있었던 비결은 바로 열정일 것입니다. 그러니 '대한민국 사람들은 열정적이다. 그리고 대한민국의 유아교사들은 더욱 열정적이다.'라는 명제는 성립하는 거 맞겠죠?

그렇기 때문에 유아교사들의 열정이 아이들의 내적 동기와 열정에 불쏘시개 역할을 하는 것이 아니라 찬물을 끼얹는 상황은 없는지에 대해서도 경계하며 살펴볼 필요가 있습니다. 아이들의 내적 동기가 선생님들의 너무 뜨거운 열정에 까맣게 타 버리는 안타까운 상황이 왕왕 있으니까요.

자, 이제 아이들의 내적 동기가 놀이에서 어떻게 드러나는지 그리고 선생님의 역할은 어떤지에 대해서 살펴볼까요? '봄, 봄, 봄! 사랑도 아이들의 봄꽃 마중'은 봄날의 이야기이고, '함께 익어 가는 아름다운 가을' 활동은 가을날의 이야기입니다.

'봄, 봄, 봄! 사량도 아이들의 봄꽃 마중'에서 사량도 아이들은 땅에 떨어져도 여전히 너무나 아름다운 동백꽃을 보는 순간, 이것을 가지고 '무언가를 해 보고 싶은' 내적 동기가 활성화되었습니다. 서로의 의견으로 깨끗한 동백꽃을 골라 모으고 생일케이크를 만들어 파티를 하는가 하면, 이내 이 활동은 꽃으로 자기를 꾸며 보는 활동으로 연결되고, 같은 꽃끼리 모아 보는 단순분류(색에 따른 분류)와 복합분류(모양과 색에 따른 분류)로 연계됩니다. 그리고 꽃가게를 차리고 급기야 자전거를 타고 꽃을 팔러 나가는 일련의 활동이 마치 물이 흘러가듯 자연스럽게 펼쳐집니다. 또한 물이 흘러가며 작고 큰 물줄기를 만나 굽이 돌아가듯, 아이들의 생각과 의견이 지류로 흐르고 합류되어 활동이 확장되는 것을 확인할 수 있습니다. 때문에 일련의 과정은 참 자연스러우면서도 역동적으로 펼쳐집니다. 그래서 이 사례를 통해 '기꺼이 할 수밖에 없는 내면의 고유한 힘'을 느끼시게 될 것입니다.

'함께 익어 가는 아름다운 가을' 활동에서는 봄부터 만나 오던 여러 열매와 은행나무가 시간의 흐름에 따라서 변하는 것을 인식한 아이들이 여러 가지 방법으로 찧고 빻고 열매로 그림도 그려 보고, 은행잎 가루로 꾸민 편지를 써 보기도 하는 등 조용하지만 흡입력 있게 자연과 아이들의 동기를 따라서 흘러가는 것을 확인할 수 있습니다. 그리고 아이들 마음에 담뿍 담겼다가 밖으로 꺼내진 이야기는 또 다른 감동과 울림을 선사합니다. 그러니 이런 내적으로 동기화된 열정은 '할 수 있는 것보다 더하게 만드는 힘'이 되는 것을 확인할 수 있습니다.

이는 이 활동들이 아이들이 시작하고 함께 흘러가며 꾸려진 내적 동기화에 의한 활동이었기에 가능한 것이었을 겁니다. 사실 아이들의 놀이를 관찰해 보면 대부분의 놀이가 이처럼 내적 동기화에 의해 물 흐르듯 자연스럽게 흘러가는 것을 알 수 있습니다. 때문에 놀이에서의 교사 역할이 참으로 중요한 것을 재인할 수 있습니다. 이 활동에서 선생님이 "동백꽃 케이크 정말 잘 만들었다. 누구 생각이었어?" "꽃가게에 누가 손님이 될까?"와 같은 질문을 했다면, 놀이 물길의 흐름은 많이 달라졌을 테니까요.

이 활동 속 선생님은 어떤 역할을 했을까요? 먼저 자연물을 모아 뭔가를 하고 있는 아이들을 보고, 무엇을 만들고 있는지 물어봄으로 '관찰자'의 역할을 하였지요. 또한 아이들의 모습을 사진과 글로 남기는 '기록자'의 역할도 했습니다. 사실 아이들에게는 자신들의 말과 행위를 기록해 주는 것만으로도 선생님이 자신들을 존중하고 있으며, 자신들과의 시간을 의미 있게 여긴다는 메시지를 전달받게 됩니다. (물론 "얘들아, 여기 보자. 엄마들 보실 수 있게 사진 찍어 줄게."와 같이 놀이의 맥락을 싹둑 자르는 기록은 역효과라는 것은 잘 알고 계실 것입니다.) 또한 "아기 만지는 느낌은 어떠니?"와 같이 아이의 생각을 인식으로 변환시켜 주는 '전환자'의 역할도 하셨습니다. 그리고 하염없이 손님을 기다리는 아이들에게 "이렇게 예쁜 봄꽃을 사러 오라고 알려 줄 수 있는 방법이 없을까?" 하며 '조정자'의 역할도 하십니다. 이러한 선생님의 중재에 따라 아이들은 손님을 기다리기보다는 손님을 찾아 떠나는 결정을 하게 되는 것을 우리는 알 수 있습니다.

사실 무엇인가를 가르치는 사람인 '교사'는 늘 눈도, 귀도, 입도, 마음도 아이들을 위해 분주한 사람이긴 합니다. 하지만 아이들이 놀고 있을 때, 즉 내적 동기화되어 있을 때는 이를 지켜 주는 '수호자'의 역할도 못지않게 중요함을 기억했으면 좋겠습니다. 아이들의 놀이가 물 흐르듯 지속되고 확장되어 결국에는 바다를 이룰 수 있도록 기다려 주는 교사, 그 놀이의 바다에서 아이들이 흠뻑 젖어 자유와 즐거움을 만끽할 수 있도록 지켜 주는 교사들이 나날이 많아지면 좋겠습니다.

활동사례 1. 기꺼이 할 수밖에 없는 내면의 고유한 힘

봄, 봄, 봄! 사량도 아이들의 봄꽃 마중

사량도의 3월은 동백꽃과 함께 무르익는다. 유치원을 오가며 아이들은 겨울부터 봄까지 동백꽃이 지천으로 피고 지는 것을 본다. 유치원 문을 나서면 동백꽃 외에도 길가엔 채소꽃 등 갖가지 꽃이 피어 있으나 지나가는 사람들이 별로 없어 가끔씩 산책 나가는 우리 아이들이 유일한 상춘객이다.

동백꽃이 많이 떨어져 있는 곳을 발견하고 아이들이 돌계단을 내려가며 외친다.

아이들: 와~~~ 동백꽃이다.

남희: (꽃을 줍기 시작하는 아이들을 보고) 얘들아!! 꽃 좀 주워 봐.

채린: 언니야!! 어떤 꽃을 주워야 해?

남희: 어, 깨끗한 꽃을 모아야 해.

아이들은 남희 언니의 얘기에 깨끗한 동백꽃을 줍기 시작한다. 친구들과 동생들이 주워 온 꽃을 모아 무엇인가 만들기 시작한다.

나: 얘들아, 꽃으로 무얼 만들고 있니?

민솔: 케이크요, 생일 케이크!

서영: 언니야, 우리 생일파티 놀이 하자. 동현이가 생일이라고 하자.

즉석에서 만든 동백꽃 생일 케이크로 아이들은 노래를 부르기 시작한다.

시들지 않고, 나무에서 떨어지는 싱싱한 동백꽃 케이크 생일파티에 아이들
끼리도 너무나 즐거운 생일파티가 이루어졌다.

생일파티를 마치고 돌아오는 길에 아이들은 저마다 꽃으로 장식한 모습
을 자랑한다. '꽃으로 나를 꾸며 보기'를 하며 사진을 찍어 달라고 한다.

산책길에서 조금씩 가져온 풀꽃과 나무꽃을 평상 위에 두고, 놀이가 시

작된다. 꽃을 고르고 있던 남희가 서영이에게 얘기한다.

> 남희: 서영아, 우리 같은 꽃끼리 모아 보자.
>
> 서영: 색깔이 같은 거 모으면 되는 거야?
>
> 남희: 아니, 모양과 색깔이 같은 거끼리 모으자.
>
> 민솔: 나는 노란색 꽃 모을게.
>
> 채린: 나는 빨강색 동백꽃 모을까?
>
> 민경 : (작고 하얀 풀꽃을 골라 본다.)

교실에 간식을 먹고 씻어 둔 통을 누군가 가지고 와서 골라 놓은 꽃들을 담아 두었다. 담아 놓은 꽃들을 보다 아이들은 꽃가게 놀이를 하고 싶다고 하며 '봄꽃 가게'라고 간판을 만들어 꽂아 두었다.

자, 이제 이렇게 꽃 가게 놀이가 시작된다. 사량도에서 꽃 가게를 찾아오는 손님은 누가 있을까? 꽃들도 예쁘게 만들어 놓고, 간판도 멋지게 만들어 꽂아 두었는데 손님은 누가 와 줄까? 아이들이 꽃을 많이 팔아야 할 텐데……. 교문 밖을 나가서 살펴보아도 주말이 아니라 찾아오는 등산객들도 없다. '아직 배가 들어올 시간이 남았으니 기다려 볼까, 부모님들께 꽃 사러 오시라고 연락을 드릴까?' 이런저런 생각만 한다.

나: 사람들에게 이렇게 예쁜 봄꽃을 사러 오라고 알려 줄 수 있는 방법이 없을까?

몇 명의 친구들은 꽃 가게를 지키고, 두 친구가 자전거에 꽃을 싣고 꽃 팔러 가기로 결정했다. 친구들을 꽃 가게에 남겨 두고, 자전거 바구니에 꽃을 가득 싣고 꽃 팔러 간다. 자전거 바구니에 가득 담긴 꽃을 팔고 와야 할 텐데 …….

친구들: 꽃 많이 팔고 와!

꽃 파는 아이들: 꽃 사세요, 색색깔 꽃 다 있어요. 풀꽃도 있고, 나무꽃, 동백꽃도 팔아요~.

운동장을 몇 바퀴 돌다가 급식소에 들러 교장 선생님과 언니들에게 꽃을 다 팔고 신이 나서 돌아온 친구들! 활짝 웃는 아이들의 미소가 꽃보다 아름답다.

역시 봄은 아이들을 밖으로 불러낸다. 어릴 적부터 좋아했던 봄을 이제는 아이들과 함께 맞이하게 되어 차~~~암 좋다. 그리고 나 어릴 적 하루 종일 밥 굶고 봄 들판을 쏘다니고 와도 웃으며 맞이해 주시던 엄마가 새삼 고맙다. 나도 아이들에게 그런 사람으로 곁에 있고 싶다.

활동사례 2. 할 수 있는 것보다 더하게 만드는 힘

함께 익어 가는 아름다운 가을

가을 햇살이 따뜻한 어느 날 아이들이 유치원 뜰의 화단에 나왔다. 아이들은 봄부터 늘 나와 놀던 화단에서 무엇인가를 발견한다. 봄에 꽃이 피어 꿀벌들이 꽃에 부지런히 왔다 갔다 하더니 늦여름에 자라난 작은 열매들을 발견한다.

민경: 여름에 꽃 피었던 곳에서 열매가 열렸다.

남희: 꿀벌들이 열매가 열리게 해 준 거다. 작년에도 여기에 열매가 열려 우리 가 따서 놀았는데.

열매를 따고 놀던 아이들이 갑자기 옷에 무엇인가 붙었다며 아프다고 한다.

주연: 선생님, 무엇인가 내 옷에 붙어서 아파요. 떼어 주세요.

동현: (나한테 붙은 씨앗을 자기 몸에 붙여 놀이를 하며) 와~~몸에 붙어서 안 떨어 진다. 신기하다. 누나들도 해 봐!

아이들은 동현이 얘기를 듣고, 일부러 씨앗이 있는 곳에 가서 몸을 대어 씨앗을 묻혀 본다.

민경: 내 옷에는 안 붙는다.

남희: 선생님, 민경이 옷에는 왜 안 붙을까요?

나: 왜 그럴까?

채린: (민경이 옷을 만져 보더니) 민경이 언니 옷은 매끌매끌하다. 그래서 씨앗이 붙지를 못한다.

아이들은 채린이 얘기를 듣고, 친구들이 입고 있는 옷을 손으로 만져 보 고, 비벼 보고 씨앗을 붙여 본다.

주연: (여기저기 씨앗들을 살펴보더니) 여기도 있어. 몸에 붙는 씨앗!

아이들: (주연이 얘기를 듣고 가 보더니) 아까 그 씨앗하고는 다르다. 아까는 뾰족하게 바늘 같았는데 이 씨앗은 둥그렇게 공 모양으로 생겼다.

아이들은 몸에 붙는 씨앗과 붙지 않는 씨앗을 모아 본다. 교실에 가져가서 놀이할 거라고 한다. 인터넷을 찾아보고, '씨앗들의 한 살이'에 대해 알아본다. 산책을 갈 때마다 길옆에서 발견하는 씨앗을 보면 그때마다 몸에다 붙여 본다.

이번에는 한동안 와 보지 않았던 화단에 나와 아이들이 환호성을 지르며 선생님을 부른다.

아이들: 선생님, 이리 와 보세요. 동백나무에서 사과가 열렸어요.

나: 어머 정말 사과같이 생겼네.

채린: 사과가 아니에요. 여름에는 동백 열매가 작고, 초록색이었는데 이제는 사

과 같이 빨갛게 변했어요.

민경: 맞아, 사과 아니야. 우리 동네에도 동백나무 열매가 사과처럼 익고 있어.

민솔: 동백 열매 따 가지고 가게놀이 하고 싶다.

동현: 내가 많이 따 줄게. 가게놀이 하자. 과일가게놀이하면 재미있겠다.

아이들이 함께 동백 열매를 따기 시작한다. 동백 열매를 교실에 갖다 두고 며칠이 지났는데 열매가 갈라지면서 껍질이 터지고 안에서 동백 열매가 나왔다. 아이들은 환호성을 지른다.

며칠 뒤 산책길에 지난번 빨갛던 동백 열매가 점점 갈색으로 변하는 걸 아이들이 발견했다. 어느 날 동백나무 아래서 아이들이 놀고 있는데, 머리 위로 동백 열매가 터져 씨앗이 떨어지는 것을 보고는 외친다.

민경: 야~~ 동백 열매가 터졌다.

민경이 얘기를 듣고, 아이들이 모두 동백나무 아래로 모여든다.

아이들: 와~~ 진짜 동백 열매가 터졌다. 껍질 속에 씨앗이 있다.

아이들은 주변에 많이 떨어져 있는 갈색 씨앗을 모아서 또 다양한 놀이를 한다. 껍질을 돌로 찧어도 보고, 씨앗 속에서 나온 하얀 가루를 약이라고 하며 병원 놀이도 한다. 씨앗이 떨어지고 남은 껍질을 뒤집어 팽이처럼 돌리는 놀이도 아이들이 새롭게 만들어 한다. 아이들이 가을에서 찾아낸 놀이가 이것뿐일까?

이름 모를 식물이지만 유치원 울타리에 봄부터 꽃이 피더니 여름엔 초록색 작은 열매가 맺히고 가을이 되자 이렇게 예쁜 색깔 열매로 변했다. 아이들은 손으로 만져 나오는 즙으로 벽에 그림을 그려 보고, 하얀 천에도 그림을 그려 본다. 소꿉놀이에서는 과일로 상에 차려진다.

며칠 동안 유치원 주변에서 따서 모아 놓은 열매들 주위에 아이들이 둘러앉아 놀이를 한다. 같은 열매끼리 모아도 보고, 같은 색깔끼리 분류도 해 보며 생각을 나눈다.

동현: 나는 솔방울 모을게. 누나들은 다른 열매 모아.
민경: 나는 동백 열매 씨앗 익은 거 모을게.
남희: 나는 몸에 붙는 씨앗 모을게. 이쪽으로 보내라.

도토리, 솔방울, 익지 않은 동백 열매, 동백 열매가 빠져나온 껍질, 동백 열매 씨앗 등 아이들이 모은 가을 열매에 대한 경험들이 동시로 만들어졌다.

솔방울은 까칠까칠
도깨비 씨앗은 다끔따끔
사과 같은 동백 열매는 보들보들
도토리는 매끌매끌
분꽃 씨앗은 반달반달
우리를 재미있게 해 주는 고마운 가을 씨앗

예쁜 가을 나뭇잎으로 차려진 동백 열매는 맛있는 가을 밥상이 되었다. 덜 익은 동백 열매와 익은 씨앗으로 만든 케이크는 세상에 하나밖에 없는 맛있는 케이크가 되었다.

이번에는 아름드리 은행나무 이야기이다. 사실 이 은행나무는 아이들이 봄부터 계속해서 만나 오고 있는 나무였다. 유치원에 있는 은행나무와 봄, 여름을 보낸 아이들이 며칠간 바람 불면 떨어지는 잎을 따라가며 깔깔 웃고, 잡으러 가고, 날려 보고, 꽃다발도 만들어 걸어 두었다.

사진은 늦은 봄 은행나무에 아기 손처럼 작고 보드라운 싹이 나올 때 아이들과 악수를 나누던 모습이다. 시간이 흐를수록 점점 잎이 커지고, 색깔이 진해지더니 제법 그늘도 만들어 햇빛이 강해지는 시간엔 학교 형님들과 은행나무 아래로 모여 시소도 타고, 숨바꼭질도 했다. 나무의 중간 부분에 돋아난 나뭇잎을 만져 보며 아이들이 이야기꽃을 피웠다.

> 민솔: 은행잎을 만져 보니 간지럽고 모양은 손 같기도 하고, 부채 같기도 하다.
> 남희: 봄에는 나뭇잎이 진짜 작았고, 아기 만지는 것 같았는데…….
> 나: 남희야, '아기 만지는 것 같은 느낌'은 어떤 느낌이야?
> 남희: 보들보들하고, 그리고 간지러운 느낌이요.

다른 놀이를 하던 아이들도 은행나무로 몰려와 잎도 만져 보고, 다 같이 손을 펴서 은행나무 둘레를 재어 보기도 한다.

아이들: 와~~ 은행나무가 정말 뚱뚱하다. 우리 친구들을 다 합쳐도 은행나무

보다 뚱뚱하지가 않아.

민솔: 선생님, 은행나무는 나이가 몇 살이에요?

나: 민솔이는 은행나무가 몇 살쯤 되었을 거 같니?

민솔: 백 살이요.

남희: 그럼 할아버지 나무네. 우리 아빠 나이보다 정말 많다. (은행나무를 올려다

보며) 할아버지 은행나무! 안녕하세요?

남희를 따라서 다른 아이들도 인사를 한다. 바깥 놀이 나가서 살며시 껴
안고 "은행나무 할아버지, 고마워요." 하며 삐죽삐죽 나와 있는 작은 가지
를 잡고 악수를 해 주는 아이들을 자주 볼 수 있다. 마치 은행나무와 봄이
올 때까지 잠시 이별을 고하듯이 말이다.

바람과 태풍으로 몇 잎 남지 않은 벚나무 잎을 주워 은행나무 잎과 섞어
'낙엽 꽃다발'을 시간이 날 때마다 만들어 교실에 걸어 둔다.

채린: 내 나뭇잎 꽃다발, 진짜 꽃으로 만든 꽃다발 같지요? 엄마한테 선물로 줄
거예요. 말렸다가요. 은행 나뭇잎 향기도 나고 이쁘지요?

아이들이 만든 나뭇잎 꽃다발을 교실에 걸어 두고 며칠 후 나뭇잎을 만
져 보더니 "사각사각 소리가 나고, 잎이 부서져서 가루로 변해요."라고 한
다. 아이들은 나뭇잎 꽃다발이 말라서 가루로 변한다고 하면서 꽃다발의
나뭇잎을 절구에 담아 찧어 고운 가루로 만들었다.

서영: (가루로 만들어진 나뭇잎을 만져 보다가) 나뭇잎 물감으로 변했다. 그림 그리
　　　자, 언니들아!!
남희: 정말이다. 나뭇잎 가루로 변했어. (은행나뭇잎도 절구에 담아 찧어 보더니)
　　　와~~ 절구에 은행잎 마른 것을 담아 찧어 보니 정말 은행잎 색깔이 나
　　　온다!

민솔이는 나뭇잎 가루로 할아버지 은행나무를 그려 두고, 편지를 써서 붙여 두었다.

"은행나무야, 너랑 더 있고 싶은데 겨울이 와서 그런 거야."

은행나무에게 편지를 쓰는 동안 봄부터 은행나무와 놀았던 기억을 떠올리는 듯 심각한 표정을 짓는다.

남희는 덜 찢어진 거친 나뭇잎으로 은행나무를 그린 후 편지를 쓴다.

"나무에 있는 나뭇잎이 떨어지면 슬퍼요. 우리한테 그네도 만들어 준 나무한테 '고마워.' 인사하지도 못했는데 나뭇잎이 떨어졌어."

은행나무 한 그루가 한 해 동안 아이들의 감성을 많이 키워 준 듯하다.

자연은……, 나무는……. 아이들을 가르친다. 추운 겨울을 이겨 내고 다음 봄에도 작은 싹을 틔워 아이들의 친구가 되어 주겠지? 나도 곁에서 그들의 마음에 은행나무 같은 나무가 되고 싶다.

유치원 뜰에 가을이 오는 즈음, 2주 만에 혼자 계시는 엄마를 만나러 고향집에 갔다가 집 앞 텃밭 주위에 있는 커다란 정자나무의 끝부분이 조금씩 물들기 시작하는 걸 보며 가을이 이미 와 있음을 느꼈다. 고향의 들판 곳곳에 벼가 익어 가는 이맘때면 난 내가 중·고등학교를 다니던 시절로 돌아가곤 한다. 어스름한 저녁 하굣길 버스 창 밖에서 누렇게 풍성해져 가는 가을 들녘에 서 계신 아버지의 모습이 마치 사진처럼 각인되어 있다. 오늘은 여전히 고향의 아름다운 들녘에 서서 나를 반겨 주실 것 같은 지난 1월에 돌아가신 아버지가 너무 보고 싶은 하루였다.

아버지…… 아버지와의 첫 기억은 내가 걷지도 못하던 아주 어릴 적 그 어느 날이었다. 어디가 아팠는지 아버지 등에 업혀 동네 병원으로 가서 주사를 맞고 평소에는 구경도 못해 본 아주 큰 배를 내게 쥐어 주셨다. 그리고 아버지는 가족들이 아무도 없는 시냇가 옆 둑에 서서 아픈 어린 딸을 달래기 위해 노래를 불러 주셨다. 어쩌면 어린 딸이 아파 당신 마음이 더 아픈 자신을 위한 노래였을까? 아버지의 그 등이 참 따뜻했고, 그 크고 넓은 등에서 바라본 하늘의 별빛이 너무나 반짝였던 기억이 있다. 아버지와의 그 따뜻한 기억이, 그 큰 사랑 덕분에 나도 세상을 따뜻하고 아름답게 살게 되는 것 같다.

나에게 아버지는 늘 기댈 수 있는 따뜻한 등이 되어 주셨고, 단 한 번도 이름조차 큰 소리로 부르지 않았던 분이셨다. 아버지께서 돌아가시기 전 여름, 아버지와 우리 과수원이 있는 곳까지 산책을 하며 여쭈어 보았다. "아버지, 제가 다시 태어나도 아버지 딸로 꼭 태어나고 싶은데, 아버지는 어때요?" 아버지는 "나는 좋지! 다시 만나면 그렇게 해 줄래?" 그렇게 함께 마주 웃으며 약속을 했다. 그 약속의 의미는 아버지처럼 살아야 하고, 아버지와 함께한 행복했던 기억들을 살아가며 사람들과의 관계에서 늘 잊지 않아야 한다는 의미일 것이다.

나도 우리 아이들에게 그런 따뜻하고 힘이 되는 기억이면 좋겠다.

03
섬이 함께 키우는 아이들

사량도, 섬이 함께 키우는 아이들

이 세상에서 자녀에 대한 '부모의 사랑'만큼 절대적이고 강렬한 것이 있을까요? 특히나 우리나라 부모의 자녀 사랑은 다른 나라의 부모에 비해 더 유난하다고 합니다. 기본적으로 한국 사람 특유의 정(情)에서 기인한 것도 있지만, 자녀를 자신과 동일시하는 문화도 큰 영향을 주었을 것입니다. '딸바보 아들바보, 금쪽같은 내 새끼, 눈에 넣어도 안 아픈 내 강아지'와 같은 표현들은 모두 절절한 부모의 자식 사랑을 짐작하게 해 줍니다.

하지만 이 뜨거운 자식 사랑은 때로는 브레이크가 고장 난 기관차처럼 폭주하기도 합니다. 자녀의 성공과 안녕을 위해서라면 위장 전입, 청탁, 살인에 이르기까지 못할 일이 없었던 부모들의 어그러진 사랑을 신문의 헤드라인으로 심심치 않게 만나게 되곤 하니까요. 실제 인사청문회에서 자녀의 군대문제, 학교문제, 상속문제로 진땀 흘리는 후보자들을 만나는 것이 이제는 흔한 광경이 되었습니다. 또 몇 해 전 온 나라가 들썩였던 국정농단사

태에서도 자녀에 대한 왜곡된 사랑의 단면은 빠지지 않았습니다.

이들 부모가 가지고 있었던 자녀에 대한 맹목적인 사랑은 그 강렬함을 주체하지 못해 멈춰야 할 역에서 멈추지 못해 승객을 태우지도, 내려 주지도 못한 채 폭주하다 급기야 탈선하여 엎어진 모양새입니다. 그러니 눈에 넣어도 안 아플 듯 — 눈에 자식을 넣지도 못할뿐더러, 눈에 넣으면 반드시 아프겠지요? 그것도 엄청! — 사랑하는 자식일수록 '내 자식만' 잘 먹고 잘 살도록 해 줄 것이 아니라 '더불어' 잘 살 수 있도록 도와야 합니다.

이제 금쪽같은 '내 새끼', 눈에 넣어도 안 아플 '내 강아지'가 아니라 금쪽같은 '우리 새끼들', 눈에 넣어도 안 아플 '우리 강아지들'로 우리의 인식이 변화되어야 합니다. 모비딕의 작가 허만 멜빌(Herman Melville)도 "우리는 혼자서 살 수 없습니다. 우리의 삶은 보이지 않는 수많은 끈으로 이어져 있습니다. 이 인정의 끈을 따라 우리의 행동은 원인을 제공하고 그 결과는 다시 우리에게 돌아옵니다."라고 말했습니다.

아무리 내 아이를 다른 아이와는 구별되게 잘 기른다고 하더라도, 결국에는 눈에 차지 않는 옆집 아이가, 절대 만나게 하고 싶지 않은 뒷집 아이가 내 아이와 함께 살아가야 하는 것입니다. 그러니 내 아이만 잘 기른다고 해서, 내 아이만 건강하게 먹인다고 해서 내 아이가 행복하고 건강하게 살 수 있는 것은 아닙니다. 우리는 서로가 서로에게 깊이 연관되어 영향을 주고받는 운명공동체입니다. 그러니 우리 마음속 경계를 넓히고 울타리를 낮춰 '내 아이가 아닌 아이들'이 '내 아이와 같은 가치'로 존중받으며 살 수 있

도록 우리가 함께 노력해야 합니다. 그리고 '내 아이'와 '네 아이'가 '우리 아
이'로 어른들의 마음 깊은 곳에서 어우러졌으면 좋겠습니다.

　실제로 아이들은 그저 양육되고 교육되는 수동적인 존재가 아닙니다.
아이들을 둘러싸고 있는 다양한 인적·물리적·문화적 요인과 상호작
용하면서 영향을 주고받으며 성장합니다. 이것이 바로 브론펜브레너(Uri
Bronfenbrenner)의 인간 발달에 관한 생태학적 이론(ecological theory)의 내용
입니다. 그는 마치 러시아의 전통 인형인 마트료시카처럼 한 개인을 중심에
두고 그 주변을 다양한 상황과 환경들이 둘러싸고 있다고 설명하였습니다.

　그러니 이제는 '함께 키우는 아이'가 되어야 합니다. '한 아이를 키우려면
온 마을이 필요하다(It takes a village to raise a child).'는 아프리카 속담이 있
습니다. 한 아이를 제대로 키워 내기 위해서는 한 개인과 가정의 노력이 아
니라 온 마을과 공동체의 관심과 참여가 있어야 한다는 뜻이지요.

　이를 체계화한 브론펜브레너의 이론을 소개하자면, 먼저 가족, 또래, 유

아교육기관, 학교와 같이 아이들에게 직접적으로 영향을 주고 실제로 접하는 환경을 '미시체계'라고 합니다. 그리고 이들 미시체계들 간의 관계를 '중간체계'라고 하지요. 즉, 가정과 유아교육기관의 관계, 유아교육기관과 또래의 관계와 같이 말입니다. 다음으로 부모의 직장이나 지방자치단체와 같이 아이들이 직접 참여하는 환경은 아니지만 이들 간의 상호작용이 아이들이나 어른들의 삶에 영향을 미치는 환경을 '외체계'라고 합니다. 그리고 문화, 사회적 계약, 관습과 같은 '거시체계'가 그 밖에 있고, 시간에 따라서 일어나는 환경과 발달의 변화를 의미하는 '시간체계'가 있습니다. 그리고 이들 체계들이 서로 긴밀하고 밀접할수록 아이들의 발달에 긍정적으로 작용한다는 것이지요.

아이를 중심에 두고 그 둘러싼 체계들을 보면서 사량도 아이들과 섬이 오버랩되었습니다. 이희숙 선생님께서 보내 주신 자료를 통해 만나 본 사량도의 아이들은 그야말로 '사량도, 섬이 함께 키우는 아이들'이었기 때문입니다. 사량유치원 아이들을 포함해서 전체 지역사회가 함께 참여해 바지락을 캐고, 동네잔치가 되는 가을 운동회와 봄 소풍을 다녀오는 일에서부터 아이에서 어른까지 모두가 선물을 나누는 크리스마스의 미담에 이르기까지 사량도라는 이 작은 섬마을이 모두 함께 아이들을 온전하게 품어 키워 내고 있음을 확인할 수 있었습니다.

요즘 지역공동체가 이처럼 함께 아이들의 일에 건강하고도 따뜻하게 참여하는 사례는 참으로 찾아보기 힘든 것이 사실입니다. 무언가 남에게 주었으면 군림하거나 통제하려고 듭니다. 또 자기 자녀의 이익을 위해서라면, 다른 사람의 자녀의 기회와 권리는 짓밟혀도 괜찮다고 생각하는 듯합니다. 함께 가기보다는 남보다 먼저 가는 것이 더 중요하다고 생각합니다. 물론 모두가 그렇게 생각하고 행동하는 것은 아니지만, 이를 살펴보고 대책을 마련하는 것도 녹록한 일이 아닌 듯 보입니다. 그만큼 서로 간의 입장이라는 것이 있고, 이해관계가 얽혀 있을 테니까요.

이런 점에 사량도라는 이 작고 독립된 공간이 뿜어내는 에너지는 사량도 아이들을 건강하고 행복한 다음 세대로 성장하도록 돕는 아름답고 귀한 힘이 되었음을 알 수 있습니다. 섬은 분명 단절과 고립의 공간입니다. 하지만 그 단절되고 고립된 작은 공간에서 각각의 체계들이 건강하게 기능할 수 있다면 거시체계까지도 아이들이 직접 경험할 수 있는 그런 이상적인 공간이 될 수 있는 것이지요. 즉, 사량유치원 아이들의 각 가정과 유치원이라는 '미시체계' 그리고 그 속에서 생활하는 가족, 이웃, 교직원들의 관계인 '중간체계'는 매우 우호적이며 친밀합니다. 그리고 사량도 부모님들의 직장, 사량도의 여객터미널, 주민센터와 같은 '외체계'와 사량도 나름의 문화인 '거시체계'가 모두 서로 긴밀하게 연계되어 있습니다. 마지막으로 아이들이 어떻게 태어나 지금까지 자라 왔는지, 아이들의 전 생애에 걸친 일들을 세세하게 기억하는 어른들이 동네 어디에서나 아이들에게 관심을 보여 주십니다. 그러니 사량도 아이들을 둘러싼 사량도 자체가 하나의 거시체계까지를 포함하는 그 자체로서 기능하고 있는 것입니다.

그런 의미에서 사량도는 우리에게도 참 특별한 '공간'입니다. 지리학자인 이-푸 투안은 공간(space)과 장소(place)를 구분하여 설명하였습니다. '공간'은 가공되지 않은 있는 그대로를 말하는 것이며, 이 공간에 가치가 부여되면 비로소 '장소'가 된다는 것이지요. 즉, 개인적인 가치와 의미, 기억, 경험이 작용된 공간이 바로 장소라는 것입니다. 그런 의미에서 누군가에게 사량도는 지도 위의 작은 점이라는 공간으로 기억될 수 있지만, 사량유치원 아이들이나 그곳의 교직원, 지역사회의 주민들에게 사량도는 서로 연대하여 살아가는 '장소'일 것입니다. 한 걸음 더 나아가 이 책을 읽고 있는 여러분에게도 이 작은 섬마을이 '장소'가 되었을 것으로 생각합니다.

사량도 아이들은 집에서, 마을에서, 섬이라는 '장소'가 함께 키우는 '우리' 아이들입니다. 우리 아이들은 더불어서 행복하게 자라는 법도 배우며 성장하고 있을 것입니다. 자, 이제 다음에서는 이 작은 섬마을이 얼마나 넉넉하고 든든하게 아이들의 성장을 지원하고 있는지 일곱 개의 사례를 통해서 만나 보시겠습니다. 개인적으로는 사량도뿐 아니라 이 세상 모든 곳에서

자라는 아이들이 '우리의 장소'에서 '우리의 아이들'로 자라나는 데 이 사례
들이 도움이 되었으면 합니다.

사례 1. 사각 사각 사각…… 사량도의 바지락 캐는 소리

매년 4월 사량도에서는 일 년 동안 키워 온 바지락을 캐느라 분주하다. 물
때를 맞추어 며칠 동안 마을마다 이장님이 방송을 한다. 마을 사람들 모두
가 사량도 바지락 캐는 날을 고대하며 기다린다. 오늘은 금평마을 바지락
을 캐는 날!!! 우리 친구들도 며칠 전부터 계획을 세워 준비를 하였다. 장화
를 신고 뾰족한 조개 캐는 도구와 바구니를 가지고 시간을 맞추어 바닷가
로 나가며 얘기를 나눈다.

채린: 오늘 우리 할머니도 바지락 캐러 바닷가에 가셨어요.

동현: 우리 할머니도 가셨어요.

나: 할아버지는 가시면 안 되나요?

민솔: 한 집에 한 사람씩만 가야 돼요.

금평마을 사람 중 한 집에 한 사람씩만 바지락을 캘 수 있고, 이틀 정도만 캘 수 있다고 한다. 외지인은 1인 만 원을 내고 캘 수 있다고 한다.

> 채린: 우리 할머니는 코끼리 조개도 캐는데…… 여기 말고 농협 앞에서 캐요.
> 갯벌 속 아주 깊숙이 있어서 캐기가 힘들대요.
> 나: 채린아, 선생님도 코끼리 조개 한번 캐 보고 싶다.
> 채린: 할머니 캐는 데 가르쳐 드릴게요.

얘기를 나누며 아이들과 바닷가에 도착하였다.

'사각 사각 사각, 달그락 달그락 달그락' 바닷가에 펼쳐진 바지락 캐는 사람들이 도구로 바닥을 긁는 소리였다. 세상에 이렇게 경이로운 풍경이 또 있을까? 한참을 바라보고 서 있었다.

　아이들이 도착하자 동현이 할머니, 채린이 할머니, 민솔이 어머니께서 바지락을 캐다가 돌아오셨다. 아이들에게 바지락이 있는 곳과 캐는 방법을 가르쳐 주셨다. 아이들은 배운 대로 바지락을 캐기 시작한다. 민솔이는 돌이 있는 곳을 들추어 땅속 깊숙이 파기 시작하더니 커다란 바지락을 캐서 웃으며 보여 준다.

　나: 민솔아!! 어떻게 해서 바지락이 나왔니?
　민솔: 조그만 돌을 들어내고 캐 보니 바지락이 나왔어요. 그리고 바지락이 있는
　　　곳에는 조그만 구멍이 나 있어요. 거기를 계속 파면 바지락이 있어요.

　민솔이는 다른 친구들에게도 바지락 캐는 방법을 가르쳐 준다. 동현이는 갯벌을 계속 파 보아도 아무것도 나오지 않자 할머니를 부른다. 동현이 할머니와 아빠는 캐신 바지락을 우리에게 나눠 주시고, 캐는 방법도 가르쳐 주신다.

　나: 호정이는 바지락 정말 많이 캤구나. 바지락이 살고 있는 곳을 어떻게 알 수

있니?

호정: 선생님, 조개가 살고 있는 곳에는 가만히 보면 구멍이 뚫려 있어요. 지난번에 우리 동네에서 바지락 캘 때 엄마한테 배웠어요.

나: 아~~ 그렇구나. 선생님도 구멍이 나 있는 곳을 캐 보아야겠다.

호정: (바지락을 캐다가 바위에 붙어 있는 미역을 따고 있다. 옆에 있는 남희에게 미역 따는 방법을 알려 준다.) 남희야, 바위에 붙어 있는 미역을 언니처럼 이렇게 따 봐.

남희: (남희는 언니 얘기를 듣고 미역을 따 본다. 길다란 미역을 따서 보여 준다.) 오늘 저녁에 엄마한테 미역국 끓여 달라고 해야겠다.

호정: 남희야, 나도 오늘 캔 바지락 넣고 미역국 끓여 먹어야겠어.

친구들이 미역을 따는 것을 보고 바지락을 캐던 친구들도 모여 미역을 한 줄씩 따 본다. 시간이 지나자 바닷물이 조금씩 들어오기 시작한다. 아이들은 바지락을 캐려고 판 웅덩이에 물이 들어오기 시작하자 호미로 더 크게 웅덩이를 만들어 물이 들어오기를 기다린다. 물이 들어오는 것을 보며 환호를 지른다.

> 아이들: 와~~ 물이 들어온다.
> 남희: 야~~ 내 웅덩이에 물이 들어온다.
> 호정: 나도, 나도! 물이 들어온다.

아이들은 물이 가득 찬 웅덩이에 자기가 캔 조개를 담고 조개의 움직임을 살펴본다.

> 은혁: 내 조개들이 움직인다.
> 채린: 어디?

아이들이 몰려들어 조개의 움직임을 살펴본다.

바닷물이 차올라 갯벌이 사라질 때쯤 아이들과 바지락 캔 것을 보며 얘기를 나눈다.

아이들: 바지락 캐기가 힘들어요. 구멍이 있는 곳을 캐 보아도 바지락이 없었
    어요.

호정: 나는 구멍이 있는 곳에 바지락이 있던데…….

남희: 아주 깊숙이 끝까지 캐 보아야 바지락이 있어.

나: 아~~ 남희는 그렇게 캐 보니 있었구나. 남희야, 바지락 많이 캤니?

남희: 네!

동현: 나는 잘 못 캐서 할머니와 아빠가 주셨어요.

민경이는 많이 캐지 못해 시큰둥해서 서 있다. 민경이를 본 남희가 자기
가 캔 바지락을 조금 나누어 민경이 바구니에 얼른 담아 준다.

아이들 바구니 속에는 해삼과 작은 게 그리고 불가사리도 함께 있다. 사
량도에서 처음 해 보는 바지락 캐기는 호미 소리에 감동하고, 태어나면서
부터 바다를 보며 자란 사량도 아이들에게 많은 것을 배우는 기회였다.

사례 2. 사량도 아이들 봄 소풍 가던 날

사량도 아이들 봄 소풍 가는 날!!!

초등학교와 학부모님(조부모님과 부모님은 물론 친인척까지 함께 아우르는 개념)이 함께 가는 '마을 소풍'이다. 아이들은 들뜬 마음으로 운동장에 모여 교장선생님께 소풍 가는 날에 대해 얘기를 듣는다. 소풍 장소는 학교 운동장에서 매일 보는 호정이와 은혁이가 살고 있는 하도마을의 칠현봉이고, 그곳을 오를 것이다. 다섯 살 유치원 동생부터 초등학교 6학년까지 학년별 코스는 다르지만 칠현봉 등반을 하고, 점심 때는 은혁이 동네 마을 앞에 있는 공원에서 만나기로 했다.

하도로 가기 위해 통학버스 1, 2호차와 학부모님이 지원해 주시는 봉고차를 배에 싣고 출발했다. 수협에서 운행하는 사량호는 아이들 현장학습 차량과 배 운임을 지원해 주셔서 무료이다. 5분가량 배를 타고, 하도에 도착하여 버스는 칠현봉을 향해 간다. 아이들은 차 안에서 부모님이랑 함께 가는 소풍에 기분이 좋은지 얘기가 끝이 없다. 꼬불꼬불한 길을 갈 때 버스가 한쪽으로 기울어지는 것도 우습고, 돌멩이가 있어 덜컹덜컹하며 의자가 갑자기 위로 떠오르는 것도 마냥 재미있는 소풍 길이다. 먼 곳을 가는 소풍보다 우리가 살고 있는 곳의 산을 함께 간다는 데 봄 소풍의 의미가 있는 것 같다.

유치원 친구들이 오르기로 한 코스는 가장 짧은 코스이지만 바위와 오르막이 있어 다섯 살 아이들에겐 무리가 있었다. 채린이는 오르막이 힘들어 쉬었다 가고, 울퉁불퉁한 길에는 중심을 잡지 못해 어머니가 손을 잡아 주셔서 한 발 한 발 내디뎌 산 정상까지 올랐다. 원장선생님께서도 아이들 옆에 함께하시며 처음 보는 꽃과 나무 이름에 대해 이야기해 주셨다. 산 정상에 올라서자 유치원이 있는 금평마을을 향해 모두가 약속한 것처럼 "야호!"를 외쳤다. 유치원이 있는 금평마을까지 들릴 만큼 말이다.

　오늘 소풍에 참여한 사람들이 은혁이가 살고 있는 바닷가 옆 양지마을 공원에 모두 모여 안전하게 산에 다녀온 것을 확인하고, 드디어 함께 즐거운 점심시간을 가졌다. 서로 맛있는 음식을 먹으며 얘기도 나누니, 첫 발령 받아 어머님들과 할머님들이 함께했던 봄 소풍이 생각났다. 점심 후 휴식 시간을 보내고 아이들과 학부모님들이 한마당 게임 시간을 가진다. 교무선생님과 손 선생님, 두 선생님의 진행으로 다섯 살 동생부터 육 학년 언니들까지 함께 웃을 수 있는 시간이 되었다. 학부모님들께서도 아이들과 함께 하는 게임이 오래 전 초등학교 시절의 추억이 생각나게 한다며 점점 잔치 분위기가 된다.

　드디어 며칠 전부터 기대하며 기다렸던 보물찾기 놀이시간이다. 교무선생님께서 보물을 숨긴 장소와 어떤 보물이 숨겨져 있는지 알려 주셨다. 모두가 찾아보겠다는 듯 숨죽여 자세히 듣는다. 봄 소풍에 참여한 모든 사람들이 보물이 숨겨져 있다는 장소의 나무와 풀 그리고 돌멩이를 들쳐 보물을 찾는 시간이다. 빨리 찾은 아이들은 벌써 두 개씩 찾아서 아직 찾지 못해 초초해하는 친구들에게 보물을 나누어 주고 있다. 나는 아무리 찾아보아도 보물이 눈에 띄지 않았다. 초등학교 때부터 소풍가서 보물찾기를 하면 한번도 찾아본 적이 없는 나에게 양래 아버지께서 어떻게 아셨는지 "선생님, 보물 하나도 못 찾으셨지요?" 하고 물어보시면서 보물 종이를 하나 주시고 가셨다. 다섯 살 채린이가 처음 온 봄 소풍 보물찾기에서 보물 종이를 찾아 보여 준다. 나는 그 많은 소풍에서 한번도 찾지 못한 보물을 찾은 채린이가 대단해 보이고 기특했다.

봄 소풍을 마치고 유치원으로 돌아오는 배를 기다리는 시간에 호정이네 집에 잠깐 들러서 놀이하며 시간을 보내기로 했다. 호정이는 동생들에게 여러 가지 놀잇감을 소개해 주고 같이 놀이를 한다. 늘 유치원에서만 만나던 동생들에게 자신의 방에서 함께 놀이하니 너무 신이 난 듯하다. 아이들도 호정이가 평소에 자기 집에 있는 놀잇감을 자랑할 때 들었던 놀잇감으로 집중하여 노느라 조용하다. 부모님들도 아이들과 함께 놀이하느라 정신을 쏙 빼고 계시다가 뱃고동 소리를 듣고는 정리를 하고 버스에 올랐다. 배를 타고 유치원으로 돌아오는 5분가량의 시간 동안 아이들은 피곤했는지 엄마에게 안겨 잠에 푹 빠져들었다. 이렇게 피곤하지만 즐거웠던 소풍이 달콤하게 마무리되었다. 올 봄도 함께 달콤하게 작별 인사를 건네는 듯하다.

사례 3. 여름이라 즐거운 여름

　사량의 여름 방학! 날씨가 더워지면서 나는 출입문 앞에 그늘막 텐트를 준비했다. 아이들은 바람 솔솔 부는 텐트 안에서 간식 먹고, 책 보고, 낮잠 자며 하루를 보낸다. 다 자란 옥수수를 따서 삶아 먹고, 낮잠 자고, 토마토를 따고, 전복죽 먹고, 복날은 백숙을 먹고, 아이가 집에서 따 온 청포도랑 간식 상을 차려 얘기 나누며 한가한 오전 시간을 보낸다.

또 어느 날인가는 작은 텃밭에서 여름 햇볕을 받아 잘 자란 고추와 토마토를 수확했다. 내가 머물고 있는 사택 화분에 들어온 도마뱀은 사택으로 놀러 온 친구들과 한참을 놀다 돌아가는 날도 있었다.

자전거도 쉬는 여름비 오는 날은 장화 신고 우산 쓰고 빗소리를 들으며 달맞이꽃을 감상하는 것이 제법 운치 있다. 물재배 통에서 자라는 미꾸라지는 어디로 숨었는지 땅속 깊이 들어가 모습을 보여 주지 않는다. 친구들과 함께 노는 여름은 더워도 시원하다.

오늘은 여름 방학을 맞이하여 친구들 집 방문하는 날!!!

유치원 뒷산 너머에 사는 대항마을 민경이네 펜션에 모여 바다에서 수영을 하는 날이다. 어머니들과 함께 민경이네 집에 모여 바닷가에 텐트를 치고, 준비 운동을 하고 위험하지 않은 곳에서 수영을 즐긴다. 간식도 먹고, 민경이 어머님이 만들어 주신 점심밥도 먹고 하루 종일 바닷가에서 놀았다. 우리들만의 해수욕장이었다.

사례 4. 목사님 댁 감자 캐는 날

사량도 돈지마을 목사님은 해마다 봄이면 감자를 심으신다. 여름에 유치원 아이들이 감자 캐기 현장학습을 할 수 있게 해 주시기 위해서이다. 봄에 감자를 심어 산돼지들의 먹이가 되지 않게 넓은 감자밭에 튼튼한 울타리를 치고, 아침 저녁 산돼지들과의 전쟁을 치르신다. 그렇게 한 밤 두 밤, 목사님 관심 속에 땅속의 감자는 자라난다.

드디어 오늘이 감자 캐는 날이다! 사량도 유치원 친구들과 작년에 유치원을 다니던 1학년 형님들, 통학버스 기사님, 자원봉사자 선생님 모두 모두 준비물을 챙기고 통학버스에 오른다. 감자 캘 생각에 신이 난 아이들은 노래를 부른다.

드디어 도착한 돈지마을 목사님 감자밭!!!

넓은 감자밭을 둘러본다. 줄기도 살펴보고, 감자가 어디 있는지, 어떻게 캐는지 목사님 말씀을 듣는다. 감자 줄기를 당겨 보니 감자가 주렁주렁 달려 있다. 아이들이 "와! 감자 가족이다. 너무 큰 감자예요. 맛있겠어요."라고 한다. 형님들은 땅을 파서 감자를 캐느라 분주하다. 제법 묵직하게 캔 감자를 바구니 가득 담아 본다.

주연: 애들아, 내 감자 좀 봐. 너무 큰 거 많이 캤어.

다섯 살 채린이는 기우뚱한 감자밭에 서 있기도 힘이 든다.

채린: 언니야, 나도 감자 좀 캐고 싶어. 그런데 넘어지려고 해서 못 캐겠어.
주연: (감자가 달려 있는 감자 줄기를 가지고 와서) 채린이가 줄기에서 감자를 따 봐.

목사님 부부와 기사님, 도우미 선생님 모두 함께 감자밭의 감자를 다 캤다. 서로가 서로에게 줄기에 달려 있는 감자를 자랑한다.

남희: 오빠야, 내 감자는 다섯 개나 달려 있어. 우리 식구랑 똑같아, 감자 가족!

시내에 살다가 엄마를 따라 사량도에 온 준영이는 처음 해 보는 감자 캐기가 너무 신기한지 말 한마디 없이 감자 캐기에 몰두한다.

양래: 나도 큰 거 많이 달려 있어. 이것 봐.

정훈: 우리 할머니 집 감자밭도 저기에 있는데 그때도 많이 캤는데…… 오늘도 엄청 많이 캤어.

나: 정훈이, 양래는 감자를 잘 캐는구나. 오늘 동생들 도와서 감자를 캐 보니 어땠어?

양래: 작년에 왔을 때 보다 감자가 엄청 커요.

정훈: 맞아요. 작년에는 작은 감자가 많았는데 올해는 커요.

목사님: (아이들 이야기를 들으시고) 올해는 거름도 많이 주고, 비도 많이 와서 감자가 잘 자랐어.

나: 거름을 많이 주셨네요. 산돼지들이 먹지 않도록 지켜 주셔서 감사합니다.

처음엔 캔 감자를 가지고 온 바구니에 담느라 정신이 없던 아이들이 한 곳에 엄청난 양으로 모인 감자를 보더니 물어본다.

아이들: 선생님, 감자를 어떻게 버스까지 가져갈까요?

나: 감자가 너무 많아서 어떻게 옮길지 걱정이 되는구나. 친구들은 어떻게 옮겼 으면 좋겠니?

양래: 다섯 살 동생들은 여기서 감자를 지키고 있고, 일 학년과 일곱 살 형님들 은 바구니에 담아서 옮기자.

정훈: 동생들 바구니에도 가득가득 담아서 옮기자.

모두 캔 감자를 들고 비탈진 목사님 밭에서 꼬불꼬불한 길을 지나 버스 가 있는 곳까지 옮기느라 힘들었다. 감자 바구니를 쏟아 떼굴떼굴 굴러가 는 감자를 보고 웃는 소리가 사량도 돈지마을 지리산에 온 등산객들도 들 을 수 있을 정도로 감자 캐기는 참 유쾌하고 즐거웠다.

감자를 캐고 난 뒤 비 오는 어느 날, 초등학교 선생님들이 쳐 주신 천막 아래서 빗소리를 들으며 우리가 캐 온 감자가 익어 간다. 교무선생님이 숯불에 구워 주시는 감자는 꿀보다 달다. 오늘 사량도는 사량초등학교와 유치원 전체 학생과 선생님들의 군감자 파티가 한창이다.

286

사례 5. 사량유치원 운동회

사량도에 운동회가 있는 날!!!

사량도에서는 며칠 전부터 운동회를 준비하느라 분주하다. 부모님들은 동네 어르신들과 손님들을 대접할 음식을 준비하고, 학교에서는 운동회를 위한 프로그램, 장소 준비 등으로 바쁘다. 지역기관에서는 아이들에게 선물할 상품 등을 준비한다. 아침 일찍부터 기다려 온 지역주민과 아이들은 만국기가 휘날리는 운동장으로 들어선다. 드디어 교장선생님께서 운동회 시작을 알리는 총을 하늘을 향해 쏘시는 걸로 운동회가 시작되었다.

첫 프로그램은 제일 막내 유치원 친구들의 달리기이다. 형님들은 떨리는 마음으로 응원 중이다.

> 서영: 동현아!! 어디를 쳐다보니……. 빨리 달리기 준비해.
> 남희: 승민아~~ 달리기 준비해, 어서!

형님들의 이야기에 친구들의 눈빛이 진지해진다. "삐익~~!" 선생님의 호루라기 소리에 아이들이 앞으로 쏘아 올려지듯 달려 나간다. 사량도 주민들이 모두 일어나 유치원 친구들의 달리기를 응원한다.

> 주민들: 잘한다. 빨리 달려라!

다음으로 유치원 친구들과 1학년 형님들의 카드 뒤집기 게임이 시작되었다. 땀을 삘삘 흘리며 서로 자기 편 카드를 뒤집고, 또 뒤집는다.

효원이 아버지, 사량농협 지점장님, 교장선생님, 사량면장님의 달리기가 준비 중이다. 모두 응원을 한다. 일 년에 한 번 참여하는 운동회에 너무 신난 모습들이다. 웃고는 계시지만 달리기에서는 서로 일등을 하려고 막바지 힘을 다하고, 사량면민들의 응원 소리에 학교가 떠나가는 듯했다.

　초등학교 형님들의 '지구공 옮기기'는 공을 떨어뜨리지 않고 목표점까지 빨리 옮기는 게임이다. 청군과 백군이 서로 경쟁하며 함께 협동해서 옮기는데, 공이 떨어질까 아슬아슬하게 보였다. 운동장의 사람들은 마치 자신들이 함께 게임을 하는 듯 숨을 죽이고 손에 땀을 쥐며 쳐다본다. 이렇게 모두가 함께하는 시간이다.

　다음으로는 유치원 친구들의 말달리기 게임이 시작된다. 평소에 유치원에서 늘 해 오던 말달리기는 친구들과의 게임, 학부모님과의 게임으로 진행되었다. 유치원 친구들은 말을 타고, 중심을 잘 잡으며 폴짝폴짝, 성큼성큼 잘 가는데 부모님들은 중심을 잡지 못해 앞뒤로 넘어지고, 이를 지켜보는 사람들은 와하하 유쾌한 웃음을 터뜨린다. 아이들은 부모님께 응원을 보낸다. 서영이는 "엄마, 말의 귀를 잡고 뛰어 보세요." 하며 엄마가 탄 말이 서영이의 말처럼 뛰어가길 바라며 뒤에서 두 손을 들어 응원한다. 남희는 "우리 엄마 이겨라! 이겨라! 빨리빨리 뛰어요."라고 한다. 아이들은 부모님을 응원하느라 목이 쉬는지도 모르고 소리를 지른다.

이번엔 채린이 어머니와 민솔이 어머니의 소싸움 게임이 벌어졌다. 평소에 친하게 지내시는 두 분이 게임이 시작되자 서로 이기려고 있는 힘을 다해 상대방을 끌고 가려고 애를 쓴다. 아이들은 고함을 치며 응원을 한다.

　과자 따먹기 게임에서 입에 들어갈 듯 들어가지 않아 한참을 씨름하는 동현이와 민준이 얼굴에는 웃음꽃이 가득 피었다. 아래에서 아이들을 받치고 계시는 할머니와 아빠는 힘에 부치시는지 이마에 땀이 송글송글 맺혀 있다. 하지만 아이가 작은 입을 벌려 과자와 씨름하는 모습이 너무 귀여운지 얼굴 가득 함박웃음이 피어난다. 민준이는 운동회를 위해 오랜만에 사량도에 오신 아빠에게 안겨 행복한 웃음을 지으며 여유를 부린다. 사량 운동회는 이렇게 행복하고 따뜻한 만남을 이루고, 함께 즐기는 축제로 마무리된다.

사례 6. 부모님과 함께하는 동극

오늘은 학부모님 참여 수업이 있는 날!!!

평소에도 공개 수업과 가족이 함께 참여하는 방식의 수업을 자주 계획하는 편이다. 특히 이번에는 할머니와 어머님들께도 아이들과 함께 좀 더 적극적인 참여자가 되도록 평소에 해 보지 않았던 동극에 배역을 맡아서 함께 참여하는 활동을 계획하였다. 처음 해 보는 동극활동이라 쉽고 재미있게 할 수 있는 '동물들의 생일잔치'를 선택했다. 부모님들이 도착하기 전 아이들은 벌써부터 신이 나 얘기를 나눈다.

남희: 엄마들이 동극을 할 수 있을까?

민경: 우리 엄마도 동극하면 좋겠다. 그런데 안 하시려고 해요.

채린: 우리 엄마는 잘할 거 같다.

동현: 우리 할머니는 할 수 있을까?

드디어 부모님들이 약속된 시간에 도착하셨다. 바쁘실 텐데 한 분도 빠지지 않고 모두 참여하셨다. 아이들이 얘기를 많이 했다고 한다. 내가 먼저 '동물들의 생일잔치' 동화를 들려주었다. 부모님들은 동극에 참여하려는 의지를 보이며 진지하게 들으셨다. 다음엔 부모님과 아이들이 자유롭게 역할을 정하고, 동극에 필요한 소품을 만들고, 다른 친구들은 생일잔치상을 꾸미는 활동을 함께하였다. 모두가 참여하기 위해 동극을 두 번 하기로 하였다.

동극 배우들이 공연을 준비하는 동안 친구들이 동극에 필요한 소품을 준비한다. 과일은 실물 과일을 깨끗하게 닦아 준비하고, 케이크도 맛있는 생크림 케이크로 준비했다. 민솔이는 오리 가면을 종이컵에 단단히 고정하는 일을 맡았다. 부모님들과 친구들은 가면을 만들고 무대 배경도 꾸미면서 모두 주어진 역할에 분주하다.

　동극 가면이 만들어지고, 배역도 정해져 부모님과 아이들이 동극 공연을 시작하였다. 해설을 맡은 남희 어머니께서 떨리는 목소리로 대본을 읽어 주셨다. 엄마가 읽어 주시는 대본으로 동극 공연을 하는 남희가 너무 좋은지 활짝 웃으며 공연을 한다. 민솔이 어머니도 우체국 근무 복장으로 오셔서 진지하게 참여하시는 모습이다. 승민이는 엄마가 관객으로 앉아 계시는 쪽을 보며 웃음을 보이더니 역할에 최선을 다한다. 서영이는 화난 동물 모습을 공연한다. 호랑이 역할을 맡은 민준이는 자기를 봐 주시는 할머니를 보자 힘이 나는지 싱글벙글이다.

　이렇게 첫 번째 공연이 끝나고, 민솔이 어머니는 "유치원에서 아이들과 처음 해 보는 동극이 이렇게 떨릴 줄 몰랐다."라고 하시면서도 뭔가를 해냈다는 것이 기쁜지 얼굴 표정이 정말 밝으셨다. 아이들은 어서 다음 공연을 해 보고 싶다고 빨리 시작하자고 한다.

두 번째 공연은 배역을 바꾸어 채린이, 민솔이, 민경이, 민경이 어머니, 민준이 할머니께서 동극 공연을 하였다. 공연을 하기 전에 민준이 할머니께서는 떨리는 목소리로 얘기를 하신다.

> 민준이 할머니: 선생님, 내가 평생에 처음으로 하는 동극인데 할 수 있을지 모르겠어요. 떨려서 아무래도 안 되겠어요. 다른 젊은 엄마가 하면 안 될까요?
>
> 나: 할머니!! 민준이 할머니는 하실 수 있어요. 파이팅입니다.

민경이는 "선생님, 엄마랑 동극을 하니까 너무 신나요." 하며 시작하기도 전부터 폴짝폴짝 뛰며 어쩔 줄 모른다. 민솔이도 어느덧 공연에 빠져들어 자연스럽게 맡은 역할을 잘 해낸다. 다섯 살 채린이는 자기를 봐 주시는 엄마의 눈길에 한껏 신이 나 대본에도 없는 즉흥 연기를 한다.

아이들과 동극은 많이 해 보았으나 부모님과 함께하는 공연은 처음이다. 함께 동화를 듣고, 역할을 정하고, 준비과정도 함께하는 경험이 아이들에게 좋은 것 같다. 모두가 이렇게 활~~짝 웃으며 추억을 또 하나 쌓았다. 다음엔 사량도 사람들과 모두 함께하는 동극 공연도 계획해 봐야겠다. 아이들에게, 어른들에게 그리고 나에게도 이렇게 신나는 경험이 될 수 있다면 말이다.

사례 7. 사량도의 크리스마스

'흰 눈 사이로 썰매를 타고 달리는 기분~~.'

12월에 접어들면 매스컴에서 늘 듣는 캐롤이다. 아이들도 어느새 캐롤을 흥얼거리며 다니고 "산타한테 선물받고 싶다."라고 얘기를 한다. 아이들은 제각기 받고 싶은 선물을 얘기하며 종이에 받고 싶은 선물을 그려 창가에 붙여 두고는 산타가 오기를 기다린다.

사량도에 산타 오시는 날엔 학부모님, 예비학부모님과 예비원아 그리고 동네에 어린 동생들도 초대한다. 한 가족당 크리스마스 나무 한 그루씩을 정성을 들여 꾸미기 활동을 한다. 아이와 의논을 하여 별도 붙이고, 반짝이도 붙이며 활동을 하다 보면 유치원 교실 가득 가족들이 꾸민 나무로 가득하다. 아이들은 나무를 꾸미며 계속 물어본다.

298

민솔: 산타할아버지가 정말 사량도에 올까?

친구들: 오면 좋겠다. 선물 가지고!

동현: 산타는 사량도에 올 때 배를 타고 오나?

남희: 작년에도 산타가 왔는데…… 선물 주고 가실 때 따라가 보았는데 못 봤어. 올해는 꼭 따라가 볼 거야.

채린: 지금쯤 산타가 오고 있을까?

나: 산타에게 전화해 볼까?

아이들은 내가 전화하는 걸 쳐다보며 산타를 기다린다. 학부모님들도 크리스마스 나무를 꾸미며 기다리는 마음은 아이들과 꼭 같다. 어쩌면 아이들보다 더 아련한 추억으로 산타를 기다리는지도 모른다.

교실도 꾸미고, 빨간 고깔모자로 장식을 한 친구들이 산타를 기다리며 공연을 한다. '산타가 선물을 갖고 오시면 얼마나 좋을까?' '크리스마스 종소리' 등 학부모님과 동네 아이들에게 우쿨렐레 연주를 들려주며 함께 산타를 기다린다. 아이들은 노래를 부르면서 교실 문 쪽을 보느라 제대로 노래를 부르지 못한다.

두근두근~~ 드디어 교실 문이 열리고…… 산타는 커다란 목소리로 "허 허허, 여기가 사량유치원인가요?" 인사를 하며 들어오신다. 학부모님들도 아이들도 큰 소리로 "네!" 하며 함께 대답한다. 드디어 기다리던 산타가 도 착했다!!! 선물 보따리를 지고, 얼굴엔 하얀 수염…… 정말 산타가 나타났 다. 아이들은 소리를 모아 더 큰 소리로 노래를 부른다. 동생들은 일어나 서 산타에게로 달려간다. 올해 산타는 사량초등학교 교무 박훈영 선생님이 다. 산타 역할을 위해 아이들의 평소 유치원 생활에서 해 주고 싶은 말씀을 챙기는 등 며칠간 단단히 준비하셨다.

그렇게 기다리던 산타가 눈앞에 계신데 아이들은 바라만 보고 있다. 작년엔 유치원에 입학하기도 전에 초대되어 온 성민이는 갑자기 나타난 산타를 보고 무서워 울고 말았는데 올해는 유치원 친구가 되어 산타를 바라보고 있다. 산타와 인사를 나누고, 원장선생님, 원감선생님과 함께 산타를 환영하는 노래를 부른다. 서영이와 민솔이는 빨간색 옷을 입고 일어나서 춤을 추기도 한다. 부모님들과 할머님들께서도 함께 두근두근하는 시간이다.

드디어 산타께 선물 받는 시간, 다섯 살 채린이는 선물을 받는 기쁨보다는 산타가 낯설고 무서운지 온몸에 힘이 잔뜩 들어갔다. 산타는 아이들 한 명 한 명에게 편지도 읽어 주시고, 선물도 주시며 함께 사진도 찍어 주셨다. 아이들은 선물보다는 산타가 어디에서 왔는지, 무엇을 타고 섬에 언제 왔는지 등 궁금한 것들이 많아서 연신 질문을 한다.

민솔: 할아버지, 무엇을 타고 사량도에 왔어요?

산타: 사량도에 눈이 오지 않아서 산타 썰매를 가오치 선착장에 놔두고 배를 타

고 왔다.

남희: 작년에는 할아버지가 썰매를 타고 왔다고 했는데……. 제가 보려고 했는데 너무 빨리 가셔서 썰매를 타고 가시는 걸 못 봤어요.

산타: 그랬구나, 남희야. 미안하다.

민경: 선물은 산타 나라에서 가지고 왔어요? 다른 나라에 사는 친구들도 선물을 주고 왔지요?

산타: 그래 민경아, 다른 나라에 사는 친구들에게도 선물을 많이 주고 왔지.

아이들: 내년에도 사량도에 또 오세요. 할아버지!

산타: 내년에도 사량도에 꼭 올게요.

산타와 작별할 시간이 되어 인사를 나누고 아이들은 문밖으로 나와 두 손을 흔들며, "내년에도 꼭 오세요. 할아버지!"라고 말한다. 아이들과의 약속을 지키겠다는 듯 산타도 손을 흔들며 "메리 크리스마스"라고 인사해 주신다.

산타가 다녀간 뒤 사량도에 밤이 찾아오고, 나는 깊은 밤 작은 선물 꾸러미들을 가지고 사택을 나선다. 사택에 사시는 교장선생님과 모든 선생님의 출입문에는 산타가 두고 갔는지 작은 선물이 걸려 있다. 다음 날 아침, 잠에서 깨신 선생님들은 서로 '누가 산타였는지' 만나는 사람들마다 서로에게 물어본다. 작은 선물이 가족과 떨어져 사는 선생님들께 따스한 추억이 되었기를 바란다. 사량도는 산타가 사는 아름다운 섬이다. 서로가 서로에게 선물같은 존재로 사는 곳이라면 그곳이 어디든, 우리는 일 년 내내 모두가 산타이며, 항상 크리스마스처럼 행복할 것이다.

저자 소개

김민정(Kim Minjung)

중앙대학교에서 유아교육학 전공으로 학사, 석사, 박사학위를 받았으며 두 아이의 엄마로, 교사로, 작가로, 회사원으로, 연구원으로 유아교육과 관련된 다양한 경험을 쌓았다. 그리고 지금은 창원대학교 유아교육과에 교수로 재직 중이다. 좌우명은 첫인상이 좋은 사람보다는 뒷모습이 아름다운 사람, 나이보다 어려보이는 어른보다는 나잇값을 하는 어른이 되는 것이다. 그리고 이제는 '내 아이, 내 학생'을 바라보던 작은 틀을 넘어서, '우리 아이, 우리 학생'이라는 조금 더 큰 틀에서 작은 역할이라도 기여하는 삶을 소망하고 있다.

이희숙(Lee Heesook)

1982년 유치원 교사를 시작으로 37년간 도시, 농어촌, 단설유치원, 체험교육원 근무 및 수업연구교사, 수업명사, 연수강사, 연구회 활동, 석사학위 논문 등을 통해 '아이들의 놀이'에 대한 연구와 경험을 하였고, 이를 함께 나누는 활동을 위해 노력 중이다. 현재 통영초등학교 병설유치원 원감으로 재직 중이다. 아이들이 원하는 '놀이'를 위해 교사와 학부모가 어떤 역할을 해야 할지에 대해 고민하고, '함께 놀이하며 행복한 세상'이 되길 바라본다.

사랑 섬마을 아이들의 따뜻한 이야기

놀이와 관계 속에서 자라는 아이들

2019년 10월 10일 1판 1쇄 인쇄
2019년 10월 20일 1판 1쇄 발행

지은이 • 김민정 · 이희숙
펴낸이 • 김진환
펴낸곳 • (주) **학지사**
　　　　04031 서울특별시 마포구 양화로 15길 20 마인드월드빌딩
대표전화 • 02)330-5114　　팩스 • 02)324-2345
등록번호 • 제313-2006-000265호

홈페이지 • http://www.hakjisa.co.kr
페이스북 • https://www.facebook.com/hakjisabook

ISBN 978-89-997-1914-1　03370

정가 14,000원

이 도서의 국립중앙도서관 출판시도서목록(CIP)은 서지정보유통지
원시스템 홈페이지(http://seoji.nl.go.kr)와 국가자료공동목록시스템
(http://www.nl.go.kr/kolisnet)에서 이용하실 수 있습니다.
(CIP 제어번호: CIP2019036229)

출판 · 교육 · 미디어기업 **학지사**

간호보건의학출판 **학지사메디컬** www.hakjisamd.co.kr
심리검사연구소 **인싸이트** www.inpsyt.co.kr
학술논문서비스 **뉴논문** www.newnonmun.com
원격교육연수원 **카운피아** www.counpia.com